JN014041

新 ドイツ人が日本人によく聞く 100の質問

新

ドイツ語で日本について話すための本

HUNDERT FRAGEN
ÜBER JAPAN

音声DL付

永井千鶴子　青木美智子　小笠原藤子　赤坂桃子　ダグマー・クンスト

SANSHUSHA

音声ダウンロード・ストリーミング

1. PC・スマートフォンで本書の音声ページにアクセスします。

https://www.sanshusha.co.jp/np/onsei/isbn/9784384060140/

2. シリアルコード「06014」を入力。

3. 音声ダウンロード・ストリーミングをご利用いただけます。

はじめに

2009 年の全面改訂後，15 年がたちました。その間，世界情勢は目まぐるしく変化し，日本も文化，生活，産業などさまざまな面で大きく変わりました。

2011 年の東日本大震災（3.11）で地震に伴う災害と福島の原発事故が生じた際には，日本は世界の国々，人々から多くの支援と励ましをいただきました。その後，観光，留学，仕事などを目的として日本を訪れる人々が増えました。また，感染症の影響で一時的に閉ざされたように見えた世界も，SNS の進化，IT 技術の向上，AI の飛躍的発展のおかげで，人や国のつながりが決定的に断たれることはなく，さらにグローバル化が進んでいるようです。

一方，世界とつながる言語ツールとして，英語によるコミュニケーションの推進に拍車がかかり，英語以外の外国語への関心が低下している感は否めません。

私たちは，ドイツ語圏の人々に，変化し続ける世界の中の日本事情をドイツ語で発信していきたいと考えます。今回の改訂では，日本が守ってきた伝統行事や日本の国土，気候，風土といった基本的な情報だけでなく，夫婦別姓，働き方，貧困，女性の地位，出生率低下による少子化対策，コロナにより延期された 2021 年の東京オリンピック，コロナ禍での生活など最新の社会事情も取り上げました。

対象学習者のレベルは中級以上（ヨーロッパ言語共通参照枠 B1 以上）を想定しています。ドイツ語への訳出にあたっては，日本語で言いたいことを踏まえて，ドイツ語でも自然な文になるよう心がけました。日本語では 1 文のものがドイツ語では 2 文になったり，文の順番が前後したりすることもあります。ドイツにない事物に言及するときは，直訳しても伝わらないので，日本語文にはない説明を加えている箇所もあります。逐語訳ではありませんので，参考程度にしていただければと思います。初学者にも参考になる表現がありますので，単語を入れ替える，平易な言い回しに変えるなどしてドイツ語でのコミュニケーションに挑戦してください。また，要望の多かったネイティブスピーカーによる音源（ダウンロード＆ストリーミング形式）を付けました。さらに，単語欄には，辞書に出ていない単語や，文化紹介などに使える表現もピックアップしています。

執筆者一同，限られた紙面中で，これだけは伝えたいという日本の現在をご紹介したつもりです。学習者の皆様のドイツ語知識，発信力の一助になれば幸いです。

執筆者一同

【単語欄の使い方】

　課のテーマについて発信しようとするとき役に立ちそうな単語，広く使える構文や表現を紹介しています。訳しにくい語，辞書に載っていないような複合語も取り上げていますので学習にお役立てください。

・CEFR B1 相当およびそれ以上で有用かつ汎用性のある言い回しや熟語

sich für ... entscheiden　〜に決める

・同上レベルで知っておくと便利な語彙

Weltkulturerbe　囡世界文化遺産

・同上レベルで日本事情を発信する際に役立つ語彙

Bohnenpaste　囡あん

・直訳では意味が通じない，あるいは意訳した部分の本来の意味

Sommertradition　囡夏の伝統（文中では「夏の風物詩」）

※現在分詞や過去分詞は，副詞的用法で用いられているものも含め，すべて圏として掲載してあります。

※複数名詞や特に複数形で用いられる場合は圏，それ以外の名詞は単数で表記しています。

※句の場合は品詞を記載していません。

※同じ単語でも意味が異なる場合は再掲することがあります。

※紙面の都合上，単語欄のないページや単語数の制限があるため，必ずしも初出とは限りません。

※単語の意味はテキストに近い本来の意味を載せています。

Alltag und soziales Leben

Essen, Kleidung und Wohnen

第 **3** 章　日本の伝統と文化

Tradition und Kultur

第6章　日本さまざま　　*Dies und das*

第 **1** 章

Alltag und soziales Leben

日 常 生 活 ・ 社 会 生 活

Jahresfeste
年中行事

001

D **Welches sind die wichtigsten Jahresfeste in Japan?**

日本の主な年中行事について教えてください。

J Es gibt das Neujahrsfest im Januar und das *Setsubun*-Fest im Februar, bei dem die Menschen Bohnen auf Unholde werfen, um Unglück abzuwenden. Im März gibt es ein Fest für Mädchen, *Hinamatsuri*. Das Fest für Jungen, *Tango-no Sekku*, wird im Mai gefeiert. Beim *Obon*-Fest im August werden die Geister der Ahnen verehrt. Das *Tsukimi*-Fest im Herbst feiert den Vollmond. *Hanami* ist ein weiteres Ereignis, auf das sich viele Menschen freuen, wenn im Frühjahr die Kirschbäume blühen. Leider sind die Orte, an denen man die Kirschblüte sehen kann, oft überfüllt.

1月には正月，2月には鬼に豆を投げつけて災厄を払う「節分」，3月には女の子のお祝いである「雛祭り」，5月には男の子のお祝いである「端午の節句」，8月には祖先の霊を祀る「お盆」，秋には満月を楽しむ「月見」などがあります。春に桜の開花を楽しむ「花見」も多くの人が楽しみにしている行事です。ただ，桜の名所は多くの人で混雑しますよ。

> 単語 Unglück abwenden　災厄を払う / verehren　崇拝する / überfüllt　形混雑した

D **Wie werden diese Feste privat gefeiert?**

家庭ではどんなことをするのですか？

J Beim *Hinamatsuri*, dem Fest der Mädchen, werden zum Beispiel zwei Puppen namens *Hina Ningyo* ausgestellt. Die Puppen werden im Stil einer Hochzeitszeremonie geschmückt und sollen den Mädchen eine gute Ehe bringen. Beim *Tango-no Sekku*, dem Fest der Jungen, werden Irisblätter in der Badewanne schwimmen gelassen oder unter das Kopfkissen gelegt, um für ein gesundes Heranwachsen zu beten. Da es sich ursprünglich um einen Brauch der Kriegerklasse handelte, wurden in den Häusern der Jungen Helme und Rüstungen zur Schau gestellt. Heute wird dieser Schmuck als Schutz der Kinder vor Unfällen, Krankheiten und Katastrophen interpretiert.

たとえば，女の子のお祝いである「雛祭り」では，「雛人形」と呼ばれる一対の人形を飾ります。人形飾りは婚礼の儀式を模したもので，女の子に良縁がもたらされることを願うと言われています。また，男の子のお祝いである「端午の節句」には，菖蒲の葉を湯船に浮かべたり，枕の下に敷いたりして，健やかな成長を祈ります。元来が武家の風習でしたので，男の子がいる家では兜や鎧を飾ります。これらの飾り物は現代では，事故や病気，災害から子どもを守るという意味に解釈されています。

単語 ausstellen 飾る / im Stil sein ～の様式である / beten 祈る / es handelt sich um ... ～が話題となっている / Kriegerklasse 囡武士階級 / Schmuck 團飾り / als Schutz vor ... ～からの保護として / interpretieren 解釈する

2 Nationale Feiertage und das Neujahrsfest

祝日と正月

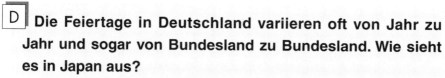
002

D **Die Feiertage in Deutschland variieren oft von Jahr zu Jahr und sogar von Bundesland zu Bundesland. Wie sieht es in Japan aus?**

ドイツの祝祭日はその年によって異なることが多く，また州によっても異なります。日本ではどうですか？

J Es ist interessant, dass die Feiertage in Deutschland von Bundesland zu Bundesland unterschiedlich sind. In Japan gibt es 16 Feiertage pro Jahr. Die deutschen Feiertage sind eng mit dem Christentum verbunden, während in Japan einige Feiertage mit dem Kalender zusammenhängen, der vor langer Zeit aus China eingeführt wurde. Außerdem gibt es die Tage der Frühlingstagundnachtgleiche und der Herbsttagundnachtgleiche, an denen Tag und Nacht fast gleich lang sind.

ドイツでは州によって祝祭日が違う，というのは面白いですね。日本では年間 16 日の祝日があります。ドイツの祝祭日はキリスト教と関わりが深いですが，日本には中国から伝来した暦と関わる祝日があります。昼と夜の長さがほぼ等しくなる「春分の日」や「秋分の日」という祝日もあります。

D **Gibt es Feiertage, die mit nationalen historischen Ereignissen verbunden sind, wie zum Beispiel der Tag der Deutschen Einheit?**

「ドイツ統一の日」のような国家の歴史的な出来事と関わる祝日はありますか？

J Ja, es gibt den Tag der Staatsgründung am 11. Februar und den Tag der Verfassung am 3. Mai. Der 15. August, der Tag, an dem der Zweite Weltkrieg endete, ist der „Tag des Kriegsendes", aber kein gesetzlicher Feiertag. Dennoch wird dieser Tag von den Japanern nicht vergessen. Um 12 Uhr mittags wird in Radio und Fernsehen landesweit ein stilles Gebet ausgestrahlt, um die Kriegstoten zu betrauern und für den Frieden zu beten.

はい。2月11日の「建国記念の日」，5月3日の「憲法記念日」があります。第二次世界大戦が終結した8月15日は「終戦記念日」ですが，祝日ではありません。けれども，この日は日本人にとって忘れることができません。正午には戦没者を追悼し平和を祈る黙祷がラジオやテレビで全国放送されます。

D Wie verbringen die Japaner die Neujahrsferien?

新年はどのように過ごしますか？

J Während der Neujahrsferien verbringen die Japaner Zeit mit ihren Familien oder kehren für eine Woche in ihre Heimatstädte zurück. Viele Japaner scheinen die Zeit zwischen Silvester und Neujahr in einer feierlicheren Stimmung zu verbringen als sonst. Sie beten für ein sicheres und glückliches neues Jahr, indem sie die traditionellen Festtagsgerichte *Osechi* zubereiten und *Otoso*, ein medizinisches alkoholisches Getränk, trinken. Früher hatten viele Restaurants und Supermärkte am Neujahrstag geöffnet. Heute sind sie immer öfter geschlossen, damit die Angestellten dort auch frei haben können.

年末年始は家族と過ごしたり，故郷に帰省したりして，一週間程度の休暇を楽しみます。日本人にとって大晦日から正月は，いつもより厳かな気持ちで過ごす人が多いようです。伝統的な祝いの膳「おせち」を並べたり，薬酒「お屠蘇」を飲んだりして一年の無事を祈ります。以前は多くの飲食店やスーパーが正月も営業していましたが，このごろは従業員も休めるように正月は休業するところも増えてきました。

単語 zurückkehren 帰る / Festtagsgericht 中祝いの膳 / Neujahrstag 男元旦

3 Hochzeiten, Beerdigungen und andere feierliche Anlässe

冠婚葬祭

D ## Wann kommen Familie und Verwandtschaft zusammen?

家族や親戚が集まるのはどんなときですか？

J Wie in Deutschland gibt es auch in Japan verschiedene Anlässe, zu denen Familie und Verwandtschaft zusammenkommen. Volljährigkeitsfeiern, Hochzeiten und Beerdigungen sind wichtige Ereignisse.

　ドイツと同じように，日本にも，家族や親戚が集まるさまざまな機会があります。成人式，結婚式，葬式は人生の節目となる重要な儀式です。

単語 verschieden 〔形〕さまざまな / Anlass 〔男〕機会 / Ereignis 〔中〕出来事

D ## Wie sehen Volljährigkeitsfeiern aus?

成人式とはどのようなものでしょうか？

J Bei der Volljährigkeitsfeier wird die Aufnahme in die Gesellschaft gefeiert. Zuerst gibt es eine Gratulationsrede des Bürgermeisters und der Gäste im Gemeindezentrum oder in der Gemeindehalle. Viele Jugendliche tragen dazu einen Kimono oder einen Anzug. Danach gibt es oft eine weniger formelle Feier mit den alten Schulfreunden. Das Volljährigkeitsalter wurde 2022 auf 18 Jahre gesenkt und damit kam auch das Wahlrecht. Alkoholkonsum und Rauchen bleiben jedoch bis zum Alter von 20 Jahren verboten.

　社会の一員になったことを祝う儀式です。成人式では，市町村の公民館やホールな

どで市長やゲストが祝辞を述べます。新成人は着物やスーツで参列します。その後，学校時代の旧友と集まるカジュアルな会があったりします。2022 年に成年年齢が 18 歳に引き下げられ，選挙権は 18 歳からありますが，飲酒や喫煙は従来通り 20 歳までできません。

単語 Bürgermeister 男市長 / senken 下げる / Wahlrecht 中選挙権 / verbieten 禁止する

D Wie werden Hochzeiten durchgeführt?
結婚式はどのように行いますか？

J Es gibt viele Formen von Hochzeiten, darunter kirchliche und shinto-istische Trauungen. Manchmal findet auch nur ein Empfang statt. Zur Überraschung der Deutschen möchten viele Japanerinnen ihre Hochzeit in einer christlichen Kirche feiern, auch wenn sie keine Christen sind. Der Empfang findet in einem Hotel oder Restaurant statt. Dort geben die Anwesenden dem Paar ein Geldgeschenk. Die Anzahl der Scheine muss eine ungerade Zahl sein, weil eine teilbare Zahl mit dem Wort „wareru" (Trennung) assoziiert wird, d. h., dass sich das Paar „trennen" wird.

　結婚式にはさまざまな形があって，教会式や神前式があります。ほかには，披露宴だけを行う場合があります。また，ドイツ人は驚くと思いますが，日本ではクリスチャンでなくてもキリスト教の教会で式を挙げたい女性が多くいます。披露宴はホテルやレストランで行います。出席者はお祝い金を包みますが，このとき，札の枚数は奇数でなければなりません。割りきれる数は「割れる」，すなわち二人が「別れる」を連想させるからです。

単語 Trauung 女婚礼 / stattfinden 開催される / Anwesende 男女出席者 / ungerade Zahl 奇数 / teilbare Zahl 偶数 / mit ... assoziieren 〜を連想する

D Was können Sie mir über Beerdigungen sagen?
葬式について教えてください。

J Die am weitesten verbreitete Bestattungsart in Japan ist die buddhistische Bestattung. Buddhistische Bestattungen unterscheiden sich je nach Glaubensrichtung. Der Ort der Trauerfeier kann das Haus des Verstorbenen sein, aber heutzutage werden auch oft öffentliche oder private Bestattungsinstitute genutzt. Die Trauerfeier dauert zwei Tage. Bei einer buddhistischen Zeremonie liest ein Priester Sutras vor, die Anwesenden zünden abwechselnd Räucherstäbchen an und erweisen dem Verstorbenen ihren Respekt. Außerdem wird der Familie ein Geldgeschenk überreicht, das *„Koden"* genannt wird. Das *„Koden"* zeigt die Trauer über den Tod.

　日本で最も広く行われているのは仏式の葬儀です。仏式といっても，宗派によって違いがあります。場所は故人の自宅の場合もありますが，最近では公営や民間の葬儀場がよく利用されます。葬儀は２日間にわたります。仏式では僧侶が読経し，参列者は順番に焼香して死者を拝みます。参列者は「香典」と呼ばれる現金を遺族に手渡し，死を悼む気持ちを表します。

単語 Bestattung 〔女〕埋葬 / sich unterscheiden 異なる / Verstorbene 〔男〕〔女〕故人 / Trauerfeier 〔女〕葬式 / Geldgeschenk 〔男〕贈り物としての現金 / überreichen 進呈する / nennen 呼ぶ

4 Die Familie
家族

D **Wie sieht eine traditionelle japanische Familie aus?**

日本の伝統的な家族像について教えてください。

J In der Zeit des hohen Wirtschaftswachstums von Mitte der 1950er bis Anfang der 1970er Jahre nahm die Zahl der so genannten „Kernfamilien" zu, in denen neu verheiratete Paare unabhängig von ihren Eltern lebten. Das Wohnungsangebot in den Städten konnte damit nicht Schritt halten, so dass in den Vorstädten Wohnblocks gebaut wurden und „neue Städte" entstanden. So konnten die frisch verheirateten Paare ihr eigenes Leben genießen, ohne von der Eltern- oder der Großelterngeneration gestört zu werden. Andererseits wurden das Wissen und die Erfahrung der älteren Generation nicht mehr weitergegeben, was dazu führte, dass junge Mütter bei der Erziehung ihrer Kinder isoliert waren.

　1950年代半ば～70年代前半の高度経済成長の頃には，新婚夫婦が独立した住まいを持つ，いわゆる「核家族」が増えました。都市部では住宅の供給が追いつかず，郊外に集合住宅が作られ，「ニュータウン」が形成されました。こうして新婚夫婦は，両親の世代あるいは祖父母に干渉されずに，自分たちだけの生活を満喫できるようになりました。一方で，上の世代の知恵や経験が継承されなくなり，子育ての場面では若い母親が孤立する事態も招きました。

単語 Wirtschaftswachstum 中経済成長 / von ... unabhängig 形～に依存しない / mit ... Schritt halten　～と歩調を合わせる / entstehen　起こる / genießen　楽しむ / zu ... führen　～の結果となる

D Ich habe gehört, dass sich Japaner persönlich um ihre Eltern im Alter kümmern. Stimmt das?

日本では高齢の親を子どもが世話をすると聞きました。

J Das stimmt. In Japan haben wir die Vorstellung, dass die Kinder für die Pflege ihrer Eltern im Alter verantwortlich sind. Das ist zwar keine Pflicht, aber es ist in den Köpfen der Menschen nach wie vor ein Thema. Viele Menschen kehren, wenn ihre Eltern alt oder krank werden, in ihr Elternhaus zurück, um sich um sie zu kümmern. In einigen Fällen hat die Generation der Kinder, die noch berufstätig sind, ihre Arbeit aufgegeben. Dabei hat sich das Einkommen der Kinder drastisch reduziert. Die Belastung durch die Pflege und die daraus resultierende Verarmung der Haushalte ist heute ein soziales Problem. Einige ältere Menschen verlassen jedoch auch ihr Zuhause und nehmen Pflegeheime oder andere Einrichtungen in Anspruch.

はい，日本では，親が高齢になったら子どもが介護するという考え方があります。義務ではないのですが，人々の心の中に依然としてそのような思いがあるようです。それまでは別々に生活していても，親が高齢や病気になったのをきっかけに，同居して世話をしている人がたくさんいます。中には働き盛りの子ども世代が，仕事を辞めて介護するケースもありますが，子の収入が激減してしまいます。介護の負担と介護に伴う世帯の貧困化は今や社会的な問題になっています。自宅を離れて，老人介護施設などの施設を利用する高齢者もいます。

単語 Pflege 女世話 / verantwortlich 形責任のある / Pflicht 女義務 / sich um … kümmern ～の面倒を見る / berufstätig 形職業に就いた / aufgeben あきらめる / aus … resultieren ～から結果として生じる / jedoch それに対して / in Anspruch nehmen 求める

D Ziehen erwachsene Kinder aus dem Elternhaus aus?

成人した子どもは両親の家を出て行きますか？

J In Deutschland ist es üblich, dass Kinder ausziehen, wenn sie erwachsen sind und ein eigenständiges Leben führen. In Japan ist das nicht immer der Fall. Früher lag die Volljährigkeit in Japan bei 20 Jahren, 2022 wurde sie auf 18 Jahre herabgesetzt. Mehr als 50% der 18-Jährigen sind noch Schüler. Das macht es ihnen schwer, finanziell unabhängig zu werden. Selbst wenn sie einen Job finden, ist es für manche günstiger, zu arbeiten und weiter bei den Eltern zu wohnen.

　ドイツでは子どもが大きくなると親の家を出て行き，独立した生活を送るのが一般的ですね。日本では必ずしもそうではありません。日本ではこれまで成年年齢は 20 歳でしたが，2022 年からは 18 歳に引き下げられました。成人した 18 歳人口の 50% 以上が学生の身分にとどまっている今日では，経済的に自立するのは難しい状況にあります。また，たとえ就職しても親と同居しながら働くほうが経済的だと考える人もいます。

単語　üblich 形普通の / erwachsen 形大人の / eigenständig 形独自の / nicht der Fall sein （あることが）当てはまらない / finanziell unabhängig　経済的に自立した

005

5 Heiraten

結婚

D | **Nimmt die Zahl der Eheschließungen in Japan zu oder ab?**

日本では結婚する人は増えていますか？　それとも減っていますか？

J | Die Zahl der Eheschließungen ist rückläufig: Im Jahr 2010 gab es etwa 700.000 Eheschließungen, im Jahr 2020 waren es nur 520.000. Außerdem wurde festgestellt, dass die Menschen immer später im Leben heiraten. So lag das Durchschnittsalter bei der ersten Heirat im Jahr 2020 bei 31,0 Jahren für Männer und 29,4 Jahren für Frauen.

　婚姻件数は減少傾向にあります。2010 年の婚姻件数はおよそ 70 万件でしたが，2020 年は 52 万件でした。さらに晩婚化も指摘されています。たとえば，2020 年の平均初婚年齢は，男性が 31.0 歳，女性は 29.4 歳でした。

単語 rückläufig 形 後退の / feststellen 確かめる / Durchschnittsalter 中 平均年齢

D | **Warum heiraten immer weniger Paare?**

なぜ結婚するカップルが減少しているのでしょうか？

J | Ein Grund scheinen vor allem wirtschaftliche Probleme zu sein. In Japan ist die Beschäftigungssituation von Personen im heiratsfähigen Alter seit langem instabil. Zum anderen gibt es angeblich keine Gelegenheiten, zu denen sich Heiratswillige treffen können. Außerdem scheinen viele mit ihrem Leben als Single zufrieden zu sein.

一つには，経済的問題が大きいと指摘されています。日本では結婚適齢期の人々の就業状態が不安定な状況が長く続いています。「結婚を望んでも出会いの場がない」という人や，「独身生活で満足である」と考える人がいるとも言われています。

単語 instabil 形 不安定な / angeblich 形 表向きの / Gelegenheit 女 機会 / außerdem　その上 / mit ... zufrieden 形 〜に満足している

D ## Wie treffen sich Männer und Frauen?
男女はどうやって出会いますか？

J Früher gab es den Brauch der „arrangierten Ehen", bei denen Verwandte und Nachbarn Partner einander vorstellten. Heute mischen sich die Menschen nicht mehr in das Privatleben anderer ein. So nutzen immer mehr Menschen Dating-Apps, um einen Partner zu finden. Andere wenden sich an kostenpflichtige „Heiratsvermittler".

　かつては「お見合い」という習慣があり，親戚や近所の人などが相手を紹介する機会がありました。しかし現在では，他人のプライベートには干渉しないようになりました。そこで，パートナーを探すマッチングアプリを使ったり，有料の「結婚相談所」を利用したりする人が増えてきました。

単語 sich in ... einmischen　〜に干渉する / sich an ... wenden　〜に問い合わせる

D ## Können gleichgeschlechtliche Paare in Japan heiraten?
日本では同性同士の結婚ができますか？

J Nein. Gleichgeschlechtliche Ehen werden nach japanischem Recht nicht anerkannt, und gleichgeschlechtliche Paare haben nicht die mit der Ehe verbundenen Rechte, z. B. in Bezug auf Eigentum und Erbschaft. Einige Kommunalverwaltungen haben daher ein „Partnerschaftssystem" eingeführt, das gleichgeschlechtlichen Paaren eine „eheähnliche Beziehung" erlaubt. Das ermöglicht ihnen, Dienstleistungen in Anspruch zu nehmen, die zuvor nur Paaren in einer gesetzlichen Ehe vorbehalten waren.

　いいえ，日本の現行法では同性婚は認められておらず，同性のカップルは，婚姻によって得られる財産や相続などの法律的な権利を持つことができません。そこで一部の自治体では，同性カップルを「結婚に相当する関係」と認める「パートナーシップ制度」を設け，これまで法的な婚姻関係にあるカップルに限定されていたサービスを同性のカップルも利用できるようにしています。

単語 gleichgeschlechtliche Ehe　同性婚 / anerkennen　承認する / mit ... verbunden　〜と結びついた / in Bezug auf ...　〜に関して / Eigentum　中所有物 / Erbschaft　女遺産 / ermöglichen　可能にする / vorbehalten　（権利として）留保する

6 Paare mit unterschiedlichen Nachnamen

夫婦別姓

D | Ich habe gehört, dass verheiratete Paare in Japan keine unterschiedlichen Nachnamen haben dürfen. Ist das richtig?

日本では夫婦別姓が認められていないと聞きましたが本当ですか？

J | Ja. In Japan sind verheiratete Paare gesetzlich verpflichtet, denselben Nachnamen anzunehmen, und 90 % der Frauen nehmen nach der Heirat den Nachnamen ihres Mannes an. Bis etwa 1990 war es üblich, dass der Mann nach der Heirat weiter arbeitete und die Frau Hausfrau wurde. Daher galt es als normal, dass Frauen den Familiennamen des Mannes annahmen. Da aber immer mehr Frauen nach der Heirat berufstätig sind und eine wichtige Rolle in der Gesellschaft spielen, wird dies zunehmend als ungerecht empfunden.

はい，日本では夫婦は同一の姓を名乗るよう法律で定められていて，9割の女性が結婚後は夫の姓に変更しています。1990年頃までは，結婚すると男性が仕事を続け，女性は専業主婦になることが一般的でした。だから男性の姓を名乗ることもふつうのことと思われてきました。しかし結婚後も働き続ける女性が増え，社会的に重要な役割を担う人も増加し，それはおかしいという認識が広がっています。

D | Warum gibt es so wenige Fälle, in denen Ehemänner ihren Nachnamen in den der Frau ändern?

夫が女性の姓に変更する例はどうして少ないのでしょうか？

J In Japan gibt es die traditionelle Vorstellung, dass die Frau in die Familie des Mannes einheiratet. Dies kommt in der Bezeichnung „Frau der Familie X" oder „Frau des ältesten Sohnes" zum Ausdruck. Wer in diesem patriarchalischen System Ehefrau wird, hat eine bestimmte Rolle zu erfüllen. Von ihr wird erwartet, dass sie sich wie eine „Schwiegertochter" verhält, was Hausarbeit, Kinderbetreuung, Mithilfe im Familienbetrieb und Umgang mit Verwandten betrifft. Umgekehrt kann auch ein Ehemann zum Haushaltsmitglied seiner Frau werden. Vom „Schwiegersohn" kann erwartet werden, dass er z.B. im Familienbetrieb der Frau mithilft.

日本には伝統的に「妻が夫の家に嫁ぐ」という意識があります。そこから「○○家の嫁」「長男の嫁」という呼び方が生まれました。家父長制の中で「嫁」となった者には求められる役割があります。家事育児，家業の手伝い，親戚づきあいなどで「嫁」として振る舞うことが期待されるのです。逆に，夫が妻の家の一員になることもあります。その「婿」には妻の実家の家業などを支えることを期待している場合があります。

D ## Wie ist die Situation heute?

最近の状況はどうですか？

J Ein Ehepaar beantragte die Anerkennung der Eintragung ihrer Ehe unter verschiedenen Familiennamen. Sie argumentierten, dass „die Nichtanerkennung unterschiedlicher Familiennamen gegen die Verfassung verstößt, die die Gleichstellung von Mann und Frau vorsieht". Der Oberste Gerichtshof lehnte die Anerkennung jedoch ab. Dies zeigt die Kluft zwischen Rechtsprechung und öffentlichem Bewusstsein.

夫婦別姓での婚姻届を受理するよう申し立てた夫婦がありました。「別姓を認めないのは，男女の平等を定めた憲法に違反する」という主張です。しかし，最高裁では認められず，司法の判断と国民の意識との差が浮き彫りになりました。

単語 beantragen　申請する / Anerkennung　[女]承認 / gegen ... verstoßen　～に違反する / die Kluft zwischen A und B　A と B の溝

Kindererziehung
子育て

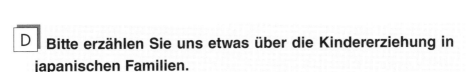

D **Bitte erzählen Sie uns etwas über die Kindererziehung in japanischen Familien.**

日本の家庭における子育てについて教えてください。

J Leider ist es in der japanischen Gesellschaft nicht einfach, Kinder großzuziehen. Denn obwohl die Beschäftigungsquote von Müttern, die Kinder erziehen, bei über 75 % liegt, gibt es seit langem einen Mangel an Kindertagesstätten. Vor allem in städtischen Gebieten drängen viele Bewerber in eine Kindertagesstätte. Wenn keine Kindertagesstätte gefunden werden kann, müssen die Eltern oft ihre Arbeit aufgeben, was sich auf das Familienbudget auswirkt.

日本は，残念ながら子育てしやすい社会とはいえません。なぜなら，子育て家庭の母親の就業率は75％を超えているというのに，長い間保育所不足が続いてきたからです。特に都市部では1つの保育所に多くの希望者が殺到します。保育所が見つからなかった場合，親が仕事を諦めなければならない場合が多く，そうなると家計にも影響します。

単語 Quote [女]割合 / Mangel an ...　～の不足 / vor allem　とりわけ / drängen　押し寄せる / sich auf ... auswirken　～に影響をもたらす

D Wie verteilt sich der Anteil der Kinder, die den Tag entweder zu Hause oder in einer Kindertagesstätte verbringen?

日中，家庭または保育所等で過ごす子どもの割合はどのくらいですか？

J Etwa 80 % der Kinder im Alter von 0 Jahren verbringen den Tag zu Hause, während etwa die Hälfte der Kinder im Alter von 1 und 2 Jahren und 95 % der Kinder im Alter von 3 Jahren eine Kindertagesstätte besuchen. Kinder ab 3 Jahren können Kindergärten besuchen, in denen täglich vier Stunden frühkindliche Bildung angeboten wird. Im Gegensatz zu den regulären Kindertagesstätten sind diese Kindergärten aufgrund ihrer kürzeren Öffnungszeiten weniger nützlich für beschäftigte Eltern. Daher ist die Zahl der Kinder, die diese Einrichtungen besuchen, in den letzten Jahren zurückgegangen.

0 歳児では 80% くらいが家庭で過ごしていますが，1，2 歳児になると約半数が，3 歳児になると 95% が保育所などに通います。満 3 歳以上の幼児は，一日 4 時間の幼児教育を行う幼稚園に通います。幼稚園は，保育所と違い，保育時間が短いので多忙な両親には利用しにくいという面もあり，近年では利用者が減少しています。

単語 während　～であるのに対して / Kindertagesstätte　[女]保育園 / frühkindliche Bildung 幼児教育 / anbieten　提供する / im Gegensatz zu ...　～とは反対に / regulär　[形]正規の / aufgrund　～に基づいて

D Ist Bildung in Japan kostenlos?

教育費は無料ですか？

J Nein, leider nicht. Für die neunjährige Schulpflicht wird zwar kein Schulgeld erhoben, aber jede Familie muss die Kosten für Schreibwaren, Schultaschen, Schuluniformen, Sportkleidung, Ausflüge und Schulessen selbst tragen. In Japan gibt es öffentliche und private Schulen. Die Kosten variieren stark. Vergleicht man z.B. die 15 Jahre vom Kindergarten (Alter 3) bis zur Oberschule (Alter 18), so kostet die Privatschule mehr als dreimal so viel wie die öffentliche Schule.

　いいえ，残念ながら無料ではありません。義務教育期間の 9 年間は授業料を徴収
しませんが，教育活動の中で子どもが使う文房具，通学鞄，学生服や体操着，遠足
代や給食費については各家庭の負担となります。日本の学校には公立学校と私立学
校があります。費用は大きく異なります。たとえば，幼稚園（3 歳）から高等学校
（18 歳）までの 15 年間を比較すると，私立の費用は公立の 3 倍以上にもなります。

単語　Schulpflicht　[女]義務教育 / Schreibwaren　[複]文房具 / Ausflug　[男]遠足 / vergleichen
比較する / dreimal so viel wie ...　〜の 3 倍　参照 →8. 学校教育制度

8 Das Bildungssystem
学校教育制度

D **Erzählen Sie uns bitte etwas über das Bildungssystem in Japan.**

日本の学校教育制度について教えてください。

J In Japan beträgt die Schulpflicht neun Jahre. Davon gehen Schüler sechs Jahre auf die Grundschule und drei Jahre auf die Mittelschule. Danach besteht keine Schulpflicht mehr. Es gibt verschiedene höhere Bildungseinrichtungen wie Universitäten, Colleges und Berufsschulen.

日本では義務教育が9年間あります。小学校が6年，中学校が3年です。高等学校からは義務教育ではありません。高等教育機関には，総合大学，単科大学，専門学校などさまざまあります。

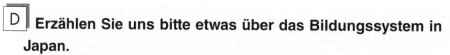

単語 betragen ～の値になる / bestehen 存在する / Berufsschule 女 職業学校

D **Wie sieht es nach der Schulpflicht aus?**

義務教育後の進路状況について教えてください。

J Nach der Mittelschule besuchen 98,8 % der Schüler die Oberschule. Allerdings brechen etwa 1,5 % der Schüler in der Oberschule ihre Ausbildung ab. Die Beschäftigungsmöglichkeiten sind für Mittelschulabsolventen und Schulabbrecher leider sehr begrenzt. Nach der Oberschule besuchen 83 % der Schüler eine weiterführende Schule. Die häufigste Wahl ist die Universität, gefolgt von der Berufsschule und dem Junior

College.

　中学校卒業後，98.8% が進学しています。ところが高等学校へ進学しても，約 1.5% が中途退学しています。中学校卒業者，高等学校中退者は就職の機会が限られてしまいます。高等学校卒業後は，83% がさらに高等教育機関へ進学しています。最も多いのが大学進学で，次に専門学校，短期大学です。

単語　Schulabbrecher **男** 退学生徒 / begrenzen　制限する / gefolgt von ...　〜が続いて

参照 → 62. 高等教育

D Welche Art von Bildung erhalten Kinder mit Behinderungen?

　障がいのある子どもたちはどのような教育を受けますか？

J　Kinder mit Behinderungen erhalten eine Ausbildung, die ihnen helfen soll, am gesellschaftlichen Leben teilzunehmen und unabhängig zu werden. Durch Beratung wird ein individueller Bildungsplan erstellt. Es gibt Sonderschulen für Sehbehinderte, Hörbehinderte, geistig Behinderte und Körperbehinderte. Darüber hinaus gibt es Sonderklassen in den örtlichen Grund- und Mittelschulen.

　障がいのある子どもたちは，自立や社会参加に向けた取り組みを支援する教育を受けます。一人一人の教育プランのアドバイスを行います。視覚障がい者，聴覚障がい者，知的障がい者，肢体不自由者，病弱者を対象とした特別支援学校があります。ほかに，地域の小，中学校に特別支援学級が置かれる場合もあります。

単語　Behinderung **女** 障がい / Ausbildung **女**（職業）教育 / an ... teilnehmen　〜に参加する / erstellen　作成する / darüber hinaus　その上さらに

Der Arbeitsstil

働き方

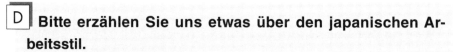

D **Bitte erzählen Sie uns etwas über den japanischen Arbeitsstil.**

日本人の働き方について教えてください。

J Japaner gelten als fleißig, werden aber oft als „Workaholics" verspottet. Im Englischen wird inzwischen sogar das japanische Wort „*Karoshi*" (Tod durch Überarbeitung) verwendet. In den letzten Jahren wurden Reformen in der Arbeitswelt vorangetrieben, und es heißt, dass diese Reformen erste Früchte tragen.

日本人は勤勉であると評価されていますが，しばしば「ワーカホリック（仕事中毒）」と揶揄されたり，英語で「過労死（Karoshi）」という日本語由来の単語が使われているのも事実です。近年では働き方改革が推進され，成果が現れてきたとも言われています。

> 単語 als ... gelten 〜とみなされている / verspotten あざける / vorantreiben 前進させる
>
> 参照 → 59. 労働時間

D **Wie sieht es mit dem Urlaub aus?**

有給休暇について教えてください。

J Arbeitnehmer haben Anspruch auf maximal 20 Tage bezahlten Urlaub pro Jahr, abhängig von der Dauer der Betriebszugehörigkeit. Japaner fühlen sich jedoch oft unwohl, wenn sie Urlaub nehmen, während andere arbeiten. Viele Menschen nehmen nicht jedes Jahr ihren gesamten bezahlten Urlaub, weil „die Atmosphäre am Arbeitsplatz es schwierig macht, einen längeren Urlaub zu nehmen" oder „sich die Arbeit in der freien Zeit anhäuft".

労働者には勤続年数に応じて，最大で年間20日の有給休暇があります。しかし日本人は，ほかの人が働いているのに自分だけ休むのは気が引けるのでしょう。「職場の雰囲気として長期の休暇は取りにくい」「休んだ分の仕事がたまるから」といった理由で，有給休暇を毎年すべて使い切る人は多くありません。

単語 Dauer 囡期間 / Betriebszugehörigkeit 囡企業への所属 / sich fühlen 〜と感じる / Atmosphäre 囡雰囲気 / sich anhäufen たまる

D | Arbeiten viele Menschen lange für ein und dasselbe Unternehmen?

一つの会社で長く働き続ける人は多いのでしょうか？

J | Ja, einige tun dies. Es gibt viele Unternehmen, die ihre Mitarbeiter bis zur Rente beschäftigen. Die Löhne steigen mit der Dauer der Betriebszugehörigkeit und dem Alter. Man geht also davon aus, dass das Leben stabiler ist, wenn man lange für ein und dasselbe Unternehmen arbeitet. Es gab eine Zeit, in der diese Art zu arbeiten die Norm war, aber heute haben sich einige Unternehmen dafür entschieden, ihre Mitarbeiter nach ihren Fähigkeiten zu beurteilen. Die Dauer der Betriebszugehörigkeit spielt dabei keine Rolle mehr.

はい，そのような人たちもいます。雇用主が労働者を定年まで雇い続ける会社が多くあります。賃金は勤続年数や年齢に応じて上昇します。ですから同じ会社に長く勤めると生活が安定すると考えられてきました。そういう働き方が主流の時代がありましたが，現在では能力主義を採用している会社もあります。そのような会社では勤続年数はその際意味を持ちません。

単語 Unternehmen 回企業 / Rente 囡年金 / von ... ausgehen 〜を前提とする / Norm 囡標準 / sich für ... entscheiden 〜に決める / beurteilen 判断する

10 Der Verkehr
交通

010

D Wie sieht die Verkehrssituation in Japan aus?

日本の交通事情について教えてください。

J In den großen Städten kann man bequem mit der Bahn reisen. In Tokio gibt es zum Beispiel 85 Bahnlinien, davon 13 U-Bahnen. Man kann also auf ein Auto verzichten und sich ausschließlich mit der Bahn fortbewegen. Wenn man die Linienpläne von Tokio zum ersten Mal sieht, bekommt man sicher einen Schreck. Sie sind sehr komplex.

　大都市では鉄道での移動が便利です。たとえば東京には 85 路線の鉄道があり，13 路線は地下鉄です。だから，東京の人は自動車を持たずに，すべての移動を鉄道で済ませることもできます。東京の路線図は非常に複雑なので，初めて見るとびっくりするかもしれません。

> 単語 auf ... verzichten　〜を断念する / ausschließlich　もっぱら / einen Schreck bekommen ぎょっとする / komplex 形 複合的な

D Was können Sie uns über den Verkehr im ländlichen Raum sagen?

地方の交通はどうですか？

J Auf dem Land ist das Auto das wichtigste Verkehrsmittel. Ein Auto pro Familie reicht dort oft nicht aus. Ein Auto pro Person ist keine Seltenheit. In den größeren Städten befinden sich die meisten Geschäfte,

Krankenhäuser und Restaurants in der Nähe der Bahnhöfe. In kleineren Städten reihen sich Geschäfte mit Parkplätzen an den Hauptstraßen aneinander. Das macht es für Menschen, die nicht Auto fahren können, wie Kinder und ältere Menschen, schwierig, sich fortzubewegen. Dies ist ein Problem, mit dem sich ländliche Gemeinden in Zukunft auseinandersetzen müssen.

地方は車社会です。1家族に1台では足りずに，1人1台という地域も珍しくありません。都市では駅の周辺に商店や病院，レストランなどが集中しています。地方都市では，幹線道路の周辺に駐車場付きの商業施設が並んでいます。そうすると，子どもや高齢者など，運転できない人々が移動手段に困ってしまいます。それが，これからの地方社会が解決していかなくてはならない課題です。

単語 auf dem Land 地方で / Verkehrsmittel 中 交通機関 / ausreichen 足りる / Seltenheit 女 まれなこと / sich in ... befinden ～にある / sich reihen 連なる / aneinander 互いに 接し合って / sich mit ... auseinandersetzen ～に取り組む

D | Kann man sich in Japan gut mit dem Fahrrad fortbewegen?

日本では自転車でも快適に移動できますか？

J | Ja, es gibt einen Fahrradboom in Japan und immer mehr Menschen nutzen das Fahrrad für den Weg zur Arbeit oder zur Schule. Achten Sie aber bitte auf die Straßenverhältnisse. In Japan herrscht Linksverkehr. Viele Straßen sind für Radfahrer nicht gut ausgebaut.

はい，日本でも自転車ブームがあり，通勤・通学などに自転車を利用する人が増えました。でも，道路事情に注意してください。日本では左側通行です。また，自転車専用道路の整備はあまり進んでいません。

単語 auf ... achten ～に注意を払う / Straßenverhältnis 中 道路事情 / Linksverkehr 男 左側 通行 / ausbauen 拡張する

11 Öffentliche Verkehrsmittel

公共交通機関

D **Wie komme ich nach meiner Ankunft in Japan vom Flughafen zu meinem Zielort?**

日本に着いたら，空港から目的地まではどうやって行けばいいですか？

J Vom Flughafen können Sie einen Limousinenbus oder den Zug nehmen, z.B. vom Flughafen Narita zum Bahnhof Tokio, der 67 Kilometer entfernt ist. Die Zugfahrt dauert etwa eine Stunde. Der Flughafen Haneda ist etwa 20 Kilometer vom Bahnhof Tokio entfernt und die Zugfahrt dauert etwa 30 Minuten. Der Flughafen Kansai liegt etwa 50 Kilometer vom Stadtzentrum Osakas entfernt.

　空港から目的地までリムジンバスや鉄道で移動する場合，たとえば成田空港から東京駅までは67キロメートル離れており，移動には鉄道でも1時間程度かかります。羽田空港なら東京駅まで20キロメートルくらいなので，鉄道を利用すれば30分くらいです。関西空港からも大阪の市街地までは50キロメートルくらい離れています。

単語 von ... entfernt 〜から離れている / dauern （時間が）かかる / Stadtzentrum 中町の中心部

D **Wie sieht es mit Reisen innerhalb Japans aus? Ist es praktisch, mit dem Zug zu reisen?**

日本国内の移動についてはどうでしょうか。やはり鉄道が便利ですか？

J Für Reisen zwischen größeren Städten ist der Zug zu empfehlen, da er praktisch und pünktlich ist. Für Reisen in ländliche Gebiete haben wir auch Expressbusse. An manchen Orten fahren die Busse leider nur selten, deshalb sollten Sie sich vorher informieren.

大都市間の移動であれば，鉄道が便利ですし，定刻通りに運行しているのでおすすめです。地方へ旅をしたい場合は高速バスもあります。旅先では路線バスの本数が少なかったりするので，あらかじめ下調べが必要です。

単語 empfehlen　勧める / pünktlich　形 時間通りの / sich informieren　情報を得る

D | **Wo kann ich ein Taxi nehmen?**
タクシーはどこで乗れますか？

J Taxis stehen an Taxiständen bei Bahnhöfen, Hotels und Krankenhäusern oder können in Japan auf der Straße angehalten werden. Heutzutage werden auch häufig Taxi-Apps verwendet.

タクシーは駅やホテル，病院などのタクシー乗り場で利用できるほか，日本では流しのタクシーを拾うことができます。最近ではタクシー配車アプリも使われています。

単語 anhalten　止める / heutzutage　近ごろ / verwenden　使う

12 Unfälle

事故

D **Bitte informieren Sie uns über Verkehrsunfälle in Japan.**

日本で起こっている交通事故について教えてください。

J In den letzten Jahren kam es immer wieder zu Fahrfehlern älterer Autofahrer. Bei einem Unfall verwechselte ein Fahrer Bremse und Gaspedal. Er raste auf eine Kreuzung und es gab viele Tote und Verletzte. Nach diesem Unfall gaben viele ältere Menschen ihren Führerschein ab. Die meisten Autos in Japan sind mit Automatikgetriebe ausgestattet. Es wird angenommen, dass solche Fahrzeuge anfälliger für Unfälle sind, bei denen Brems- und Gaspedal verwechselt werden.

　近年目立つのは，高齢のドライバーによる運転操作のミスです。ドライバーがブレーキとアクセルを踏み間違えたまま交差点に突っ込み，多くの死傷者を出した事故もありました。この事故を受けて，多くの高齢ドライバーが運転免許証を返納しました。ほとんどの車はオートマチック車で，ブレーキとアクセルの踏み間違いが起こりやすいともいわれています。

単語 Unfall 男事故 / verwechseln 取り違える / rasen 暴走する / Verletzte 男女負傷者 / mit ... ausstatten 〜を備えつける / anfällig 形抵抗力のない

D **Gibt es auch Zugunfälle?**

列車の事故はありますか？

J Im Jahr 2005 kamen bei einer großen Entgleisung im Westen Japans

107 Passagiere einschließlich des Lokführers ums Leben. 562 weitere Personen wurden verletzt. Seitdem wird noch intensiver versucht, Unfälle zu verhindern. Langfristig ist die Zahl der Eisenbahnunfälle von 936 im Jahr 2000 auf 518 im Jahr 2020 gesenkt worden. In den letzten Jahren wurden Bahnhöfe mit Bahnsteigtüren ausgestattet, um Unfälle mit Personenschäden zu vermeiden.

　2005 年に西日本で発生した大規模な脱線事故では，乗客と運転士合わせて 107 名が死亡，さらに 562 名が負傷しました。この事故を教訓に，運転事故の減少に向けた取り組みがいっそう進んでいます。鉄道の運転事故は，長期的に見ると減少傾向にあり，2000 年には 936 件だったものが，2020 年には 518 件になっています。近年ホームドアの設置により人身事故防止対策が講じられています。

単語　Entgleisung 　女脱線 / einschließlich 　〜を含めて / verletzen 　怪我をする / verhindern 阻止する / langfristig 　形長期の / Personenschaden 　男人的被害 / vermeiden 　避ける

13 Japanisch
日本語

013

D **Wie viele Menschen lernen weltweit Japanisch?**

日本語を学習する人は，世界にどのくらいいますか？

J Laut einer Statistik aus dem Jahr 2022 lernen etwa 3,8 Millionen Menschen in 141 Ländern der Welt Japanisch an japanischen Sprachinstituten. Zu den Ländern mit den meisten Lernenden gehören China, Indonesien, Südkorea und Australien. In den letzten Jahren scheint das Interesse an japanischer Popkultur wie Manga, Anime, Musik und Mode eine wichtige Motivation für das Erlernen der Sprache zu sein.

2022年の統計によると，世界141か国にある日本語教育機関で約380万人が日本語を学習しています。学習者の多い国として，中国やインドネシア，韓国，そしてオーストラリアがあります。近年では日本のマンガやアニメ，音楽やファッションなどのポップカルチャーへの興味が学習の大きな動機づけになっているようです。

単語　laut　〜によると / zu ... gehören　〜に属する / Erlernen der Sprache　言語習得

D **Ist Japanisch sehr schwierig für Ausländer?**

外国人にとって，日本語は習得することが難しい言語なのでしょうか？

J Jain. Die Grammatik gilt als nicht so schwierig, da sie regelmäßig ist und nur wenige Ausnahmen hat. Die Aussprache ist relativ einfach, da sie aus einer Kombination von Konsonanten und Vokalen besteht. Auch die Anzahl der Vokale ist gering, was die Aussprache erleichtert. Das Lesen und Schreiben hingegen ist eine Kombination aus Kanji, Hiragana und Katakana und deshalb gilt Japanisch als eine der schwierigsten Sprachen der Welt.

どうですかね。文法は，規則的で例外が少ないので，さほど難しくないと言われています。発音は，子音と母音の組み合わせなので比較的簡単です。母音の数も少なく，発音しやすいようです。ただ，読み書きは，漢字・ひらがな・カタカナの3種類の組み合わせなので，世界の中でも最も難しい言語の一つと言われています。

単語 regelmäßig 形規則的な / Ausnahme 女例外 / aus ... bestehen 〜からなる / hingegen それに反して

D Was sind die Besonderheiten der japanischen Sprache?
日本語の特徴はどのようなところにありますか。

J Die japanische Sprache ist sehr lautmalerisch. Man kann z.B. verschiedene Arten von Regen ausdrücken, „es regnet leicht" oder „es regnet stark". „Shito shito" bedeutet, dass es leicht regnet, ohne ein Geräusch zu machen, während „zaa zaa" bedeutet, dass es stark regnet. Lautmalerei wird häufig in der Umgangssprache verwendet. Auch in Mangas und Animes werden sie eingesetzt, um Szenen zu beleben.

日本語には多くのオノマトペがあります。たとえば，雨が「しとしと降っている」と「ざあざあ降っている」などさまざまな言い方があります。「しとしと」は音もたてずに細かい雨が降る様子を，「ざあざあ」は激しく降っている様子を表します。オノマトペは日常会話で頻繁に使われます。また，マンガやアニメの中でも生き生きと描写するために使われています。

単語 lautmalerisch 形擬音の / ausdrücken 表現する / bedeuten 意味する / Geräusch 中雑音 / Umgangssprache 女話し言葉 / beleben 活気づける

14 Das Leben in Tokio und das Leben in Kyoto

東京の暮らし・京都の暮らし

D **Welche Eindrücke haben Sie vom Leben in der Hauptstadt Tokio und in der alten Hauptstadt Kyoto?**

首都・東京と古都・京都で暮らした印象について教えてください。

J Ich habe sowohl die heutige Hauptstadt Tokio als auch die alte Hauptstadt Kyoto erlebt. Beeindruckt hat mich der Dialekt. Der Kansai-Dialekt ist unverwechselbar und für einen Einwanderer aus dem Osten wie mich nicht leicht zu erlernen. Besonders schwierig ist die Aussprache, die weich und sanft klingt. Auch die Wörter, die in alltäglichen Situationen verwendet werden, sind manchmal anders. Ich persönlich habe den Eindruck, dass der Kansai-Dialekt fröhlicher ist und die Konversation einfacher macht.

　私は現在の首都・東京と，古都・京都と両方を経験したことがあります。印象的だったのは方言です。関西の方言は特徴があり，私のような東からの移住者には簡単には習得できません。特に発音が難しく，ふんわりと柔らかい感じです。生活の場面では使用する単語そのものが違うこともあります。個人的には，関西の方言のほうが気軽に話してみたくなるような朗らかな印象があります。

単語　sowohl A als auch B　AもBも / beeindrucken　印象付ける / Dialekt 男 方言 /
unverwechselbar 形 取り違えようのない / Einwanderer aus ...　〜からの移住者 /
Aussprache 女 発音 / alltäglich 形 日常の

Worin unterscheiden sich die Städte Tokio und Kyoto?

東京と京都の町の様子はどのように違いますか？

J | Tokio ist das Zentrum von allem - Politik, Wirtschaft, Kultur und Unterhaltung - und ist aufregend und ständig in Bewegung. Aber es ist auch dicht besiedelt und stressig. Das Stadtgebiet von Kyoto ist kleiner als das von Tokio und junge Leute sagen, dass sie überall mit dem Fahrrad hinkommen. Kyoto ist eine Stadt der Schreine, Tempel und Universitäten, und ich habe das Gefühl, dass das Leben hier entspannter ist als in Tokio. Ich persönlich liebe es, in der Abenddämmerung durch Kyoto zu spazieren. Die Kulisse aus Tempeln, Schreinen und alten Straßen ist einfach wunderbar.

東京は政治・経済・文化・娯楽などありとあらゆるものの中心で，いつも変化していて，刺激的です。ただし人口密度が高く，ストレスも多いと思います。京都の市街地は東京より小さく，若い人は自転車でどこへでも行けると言います。京都は神社仏閣と大学の町なので，東京より落ち着いて生活ができるように感じます。個人的には夕暮れ時の京都を散歩するのが好きです。お寺や神社，古い町並みからなる風情はすばらしいのの一言です。

単語 Unterhaltung 安娯楽 / aufregend 形わくわくするような / in Bewegung sein 動いている / überall いたるところで / entspannt 形リラックスした / Kulisse 安舞台のセット

15 Die Corona-Pandemie und unser Leben

新型コロナウイルスと私たちの生活

D **Welche Maßnahmen wurden in Japan ergriffen, als das Coronavirus zu einer weltweiten Pandemie wurde?**

新型コロナウイルス感染症は世界的に大流行となりましたが，日本ではどのような対策がとられたのでしょうか？

J Am Anfang dachten viele, das Coronavirus sei nur eine besondere Form der Lungenentzündung. Man ging davon aus, dass Japan nicht betroffen sei und die Krankheit nur in anderen Ländern auftrete. Doch als sich die Krankheit in Japan auszubreiten begann, wurde im April 2020 der Notstand ausgerufen. Zunächst herrschte Verwirrung, denn Seife, Desinfektionsmittel und Masken waren nur schwer zu bekommen. Schulen und Universitäten wurden vorübergehend geschlossen und der Unterricht fand online statt. Kindertagesstätten für Säuglinge und Kleinkinder blieben so lange wie möglich geöffnet. Eine Schließung hätte sich auf die gesamte Gesellschaft ausgewirkt, da die Eltern nicht in der Lage gewesen wären, zur Arbeit zu gehen.

当初は外国で発生した特別な肺炎で，日本には影響がないと考えていた人も多くいました。ところが国内にも蔓延し始めると，2020 年 4 月に「緊急事態宣言」が発出されました。当初は石けんや消毒用アルコール，マスクなどが入手困難になるなど混乱しました。学校や大学が一時的に休校となり，その後，授業はオンラインで行うことになりました。乳幼児が生活する保育園については，休園するとその保護者たちが仕事に行けなくなり，社会全体に影響するとされ，可能な限り開所を続けました。

単語 betreffen 該当する / auftreten 発生する / sich ausbreiten 広がる / Notstand

ausrufen 非常事態を宣言する / Verwirrung 囡混乱 / Desinfektionsmittel 甲消毒剤 /
vorübergehend 形一時的な / in der Lage sein 〜の状況にある

D Wie war das mit dem Mundschutz?
マスクの着用についてはどのような状況でしたか？

J Masken mussten getragen werden, wenn man das Haus verließ, wenn
man sich in geschlossenen Räumen unterhielt und wenn man nicht den
nötigen Abstand zu anderen halten konnte. In Japan war es schon vor
Corona üblich, Masken zu tragen, zum Beispiel als Schutz vor Heu-
schnupfen und um der Verbreitung von Erkältungen vorzubeugen. Daher war der Widerstand gegen Masken gering und die Tragequote hoch.
Seit März 2023 ist die Maskenpflicht allerdings aufgehoben.

外出時，屋内で会話するとき，人との距離がとれない場合などにマスクの着用が求
められました。日本ではコロナ以前から花粉症対策や風邪の感染予防でマスクを着用
することがありましたので，マスクに対する抵抗感は少なく，着用率は高かったです。
2023 年 3 月にマスク着用は任意になりました。

単語 Masken tragen マスクをつける / verlassen 去る / sich unterhalten 語り合う /
Abstand halten 距離を保つ / vorbeugen 予防する / Widerstand gegen ... 〜に対する
抵抗

第**2**章

衣 食 住

16 Kimonos

着物

D | **Wann trägt man in Japan einen Kimono?**

日本ではどんなときに着物を着ますか？

J | Frauen tragen Kimonos häufig bei Volljährigkeits- und Abschlussfeiern, Hochzeiten und Festen, aber Männer haben normalerweise nicht so viele Gelegenheiten. Es gibt allerdings auch Männer, die aufgrund ihres Berufs täglich Kimonos tragen, z. B. japanische Tänzer, Kabuki und *No*-Schauspieler, *Rakugo*-Darsteller und Sumo-Ringer.

女性は成人式，卒業式，結婚式やパーティーに着ることが多いですが，男性はあまり着る機会がないかもしれません。日本舞踊家，歌舞伎や能役者，落語家，力士など，職業柄着物を普段から着る男性はいます。

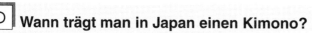 Abschlussfeier 女 卒業式 / normalerweise ふつうは / Darsteller 男 役者 / Sumo-Ringer 男 力士

D | **Welche Arten von Kimonos gibt es?**

どんな種類がありますか？

J | Unverheiratete junge Frauen tragen in der Regel langärmelige „*Furisode*"-Kimonos, die häufig bei Volljährigkeitsfeiern und Hochzeiten getragen werden. Verheiratete Frauen tragen „*Houmongi*" mit kurzen Ärmeln. Viele Studentinnen ziehen es vor, bei Abschlussfeiern an der Universität den *Onnabakama* (Hakama für Frauen) zu tragen. Die formelle Kleidung der jungen Männer ist der „*Haori-Hakama*". Im Sommer gehen immer mehr junge Leute zu Feuerwerken und Sommerfesten und tragen dabei einfache Kimonos aus dünnem Stoff, die „Yukata" genannt werden. Diese Yukata sind schöner und bunter als die Yukata, die man als eine Art Bademantel in Gasthäusern und Hotels bekommt.

一般に未婚の若い女性用は袖の長い「振り袖」で，成人式や結婚式でよく着ます。既婚女性は袖の短い「訪問着」です。大学の卒業式などでは「女袴」を好んで着る女子学生も多いです。男子の正装は「羽織袴」です。夏には「浴衣」と呼ばれる薄い生地の簡単な着物を着て，花火大会や夏祭りに行く若者が増えてきました。これは旅館やホテルの浴衣よりも華やかな浴衣です。

単語 in der Regel　通常は / langärmelig　形長袖の / Feuerwerk　中花火 / Stoff　男布地

D | Ich möchte selbst einmal einen Kimono tragen.

私も着てみたいのですが。

J | In Kyoto und Asakusa gibt es Orte, an denen man sich einen Kimono für einen Tag ausleihen kann. Das Personal hilft einem beim Anziehen. Versuchen Sie es doch einfach mal! Kimonos sind selbst für Japaner schwer alleine anzuziehen und erfordern Übung.

京都や浅草などでは，着物を一日レンタルしているところがあります。お店の人が着るのを手伝ってくれるので，そういうところで試してみてはいかがでしょうか？ 着物は日本人でも一人で着るのは難しく，練習が必要です。

単語 ausleihen　借りる / erfordern　必要とする

17 Stäbchen
箸

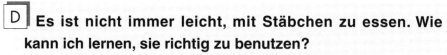

D **Es ist nicht immer leicht, mit Stäbchen zu essen. Wie kann ich lernen, sie richtig zu benutzen?**

箸で食べるのは難しいですね。どうすれば使えるようになりますか？

J Auch manche Japaner haben Schwierigkeiten, mit Stäbchen zu essen. Heutzutage gibt es im Handel Essstäbchen für Kinder, mit denen Sie üben können. Der richtige Umgang mit Essstäbchen gehört in Japan zu den wichtigsten Tischmanieren. Man sagt: „Übung macht den Meister". Hat man sich erst einmal an die Stäbchen gewöhnt, ist es gar nicht mehr so schwer.

日本人でも箸をうまく使えない人がいます。このごろは，子どもの練習用の箸も市販されています。正しい箸の持ち方は和食における重要なテーブルマナーの一つです。「名人も練習次第」と言いますし，何より慣れれば大丈夫です。

単語 Schwierigkeit 女困難 / Umgang mit ... ～の扱い / Tischmanieren 複テーブルマナー

D **Werden zu Hause auch westliche Gerichte mit Stäbchen gegessen?**

家庭では洋食のときも箸を使うのですか？

J Japaner lieben die Abwechslung beim Essen, deshalb wird zu Hause auch unterschiedliches Besteck verwendet. Japanisches und chinesisches Essen wird mit Stäbchen serviert, aber für Steak, Curry und Reis, Suppe usw. werden Messer, Gabel und Löffel benutzt. Miso-Suppe wird direkt aus der Schüssel getrunken. In vielen Haushalten hat jede Person ihr eigenes Paar Essstäbchen. Dasselbe gilt für Teeschalen und Teetassen.

日本人はいろいろな種類の料理を好むので，家庭でもいろいろな食器を使います。和食，中華料理などは箸ですが，ステーキ，カレーライス，スープなどはナイフ，フォーク，スプーンを使います。味噌汁はお椀を持ち上げて直接飲みますよ。多くの家庭では，各人が自分専用の箸を持っています。茶碗，湯飲みもそうですね。

単語 Abwechslung 〔女〕変化 / Besteck 〔中〕カトラリー / Haushalt 〔男〕世帯 / für ... gelten ～と見なされている

D Sind Einwegstäbchen nicht eine Verschwendung von Ressourcen?

割り箸は資源の無駄という議論があるようですね？

J Ja, das ist richtig. Ursprünglich wurden Essstäbchen nur aus einheimischem Holz hergestellt, indem Holzreste oder andere Holzabfälle wiederverwertet wurden. Heute werden die meisten Einwegstäbchen importiert. Nur dafür werden extra Bäume gefällt. Deshalb bringen heute viele Leute ihre eigenen Essstäbchen mit und in Lebensmittelgeschäften wird man gefragt, ob man Einwegstäbchen braucht.

はい，そうですね。国産材で作られたものに限っては，本来木の端材や間伐材などを再利用したものでしたが，現在では割り箸のほとんどが輸入品となっていて，そのためにだけ木を伐採することになります。ですから最近では，自分の箸を持ちあるいたり，コンビニなどでは客に割り箸が必要かどうかを確認したりするようになりました。

単語 ursprünglich 元は / aus ... herstellen ～から生産する / wiederverwerten 再利用する / Einwegstäbchen 〔中〕使い捨て用箸 / Bäume fallen 伐採する

18 Restaurants und Lieferungen

外食とデリバリー

D **Gehen Japaner häufig essen?**

日本人はよく外食をしますか？

J Bis 2020 zur Ausbreitung des neuen Coronavirus war es üblich, mit Freunden, Familie und Kollegen essen zu gehen. Die Corona-Katastrophe hat jedoch dazu geführt, dass viele Menschen nicht mehr soviel essen gehen konnten. Seitdem bieten Restaurants einen Mitnahme- und Lieferservice an und wir können jetzt Restaurantessen auch zu Hause genießen.

　2020 年の新型コロナウイルス感染症拡大までは，友人，家族，同僚などとしばしば外食をする機会がありました。しかし，コロナ禍では外食を控える人が多くなりました。そこで，飲食店はテイクアウト，デリバリーのサービスを提供し，店で出される料理を家庭でも楽しめるようになりました。

〔単語〕 Ausbreitung 〔女〕拡大 / Coronavirus 〔中〕コロナウイルス / Mitnahme- und Lieferservice 〔男〕テイクアウト・デリバリーサービス 〔参照〕→ 15. 新型コロナウイルスと私たちの生活

D **Welche Arten von Restaurants gibt es?**

どんなレストランがありますか？

J Es gibt viele verschiedene Arten von Restaurants, die zum Beispiel asiatische, italienische, französische oder japanische Küche anbieten. Neben Speisekarten in englischer Sprache gibt es am Eingang auch lebensechte

Modelle und manchmal Speisekarten mit Bildern, die beim Bestellen helfen. Vegane und vegetarische Gerichte und Restaurants werden immer häufiger angeboten. Natürlich gibt es auch deutsches Essen, aber das ist teurer.

　レストランの種類はたくさんあって，アジアンフード，イタリアン，フレンチ，和食など多彩な料理が楽しめます。英語のメニューだけでなく，入り口には本物そっくりの料理サンプル，メニューには写真などがついている場合もあり，注文するときに役立ちます。ヴィーガン，ベジタリアンのための料理やレストランも以前よりかなり増えてきました。ドイツ料理ももちろん食べられますが，割高ですね。

単語 Speisekarte 〔女〕メニュー / lebensecht 〔形〕本物そっくりの

D ▎ Kann jede Art von Essen geliefert werden?
どんな料理でもデリバリーできますか？

J Mittlerweile gibt es eine große Vielfalt an Speisen, die geliefert werden können. Früher gab es nur Lieferungen von chinesischen Restaurants und Nudelläden in der Stadt. Seit der Ausbreitung des Coronavirus hat sich das System verändert, und Uber Eats und ähnliche Unternehmen haben dazu beigetragen, dass Essenslieferungen immer beliebter werden.

　相当な種類の料理をデリバリーできます。以前は町の中華料理店やそば屋の出前くらいしかありませんでしたが，新型コロナ感染症拡大以降，フードデリバリーの仕組みも大きく変わり，「ウーバーイーツ」やほかの同業者の参入によりいっそう使い勝手がよくなりました。

単語 Vielfalt an ... ～の多様さ / verändern 変える / zu ... beitragen ～に貢献する

19 Fleisch
肉

D **Welche Fleischsorten essen Sie am häufigsten?**
何の肉をよく食べますか？

J Geflügel, Schweinefleisch und Rindfleisch werden am häufigsten gegessen. Seltener werden Lamm und je nach Region auch Pferd und Wildschwein gegessen. Da in den letzten Jahren einige Wildtiere Ernteschäden verursacht haben, versucht man nun, die Bevölkerung zum Verzehr dieser Tiere zu ermutigen.

鶏肉，豚肉，牛肉は一般的によく食べます。羊肉や，地域によっては馬肉や猪肉も食べます。近年，鳥獣による農作物の被害が増えているため，こうした鳥獣を国民に食肉として利用することも推奨されています。

> **単語** Wildtier 中野生動物 / Ernteschaden 男農作物被害 / verursachen 引き起こす / Verzehr 男飲食 / ermutigen 激励する

D **Warum ist *Wagyu*-Rindfleisch so teuer?**
和牛はなぜ高いのですか？

J Der Preis für *Wagyu*-Rindfleisch ist etwa 2,5 mal so hoch wie der für importiertes Fleisch. Dafür gibt es mehrere Gründe, z.B. die hohen Futtermittelkosten, die hohen Zuchtkosten und auch die lange Aufzuchtzeit der Tiere ist arbeits- und kostenintensiv. Daher ist *Wagyu*-Rindfleisch selbst für Japaner unerschwinglich geworden.

和牛肉の価格は輸入肉の約 2.5 倍と言われます。その理由は，餌代が高い，種付け料が高いなどいろいろあります。また，飼育には手間も費用もかかります。したがって，和牛は日本人にとってもなかなか手が出ない牛肉になっています。

単語 Grund 男 理由 / Zuchtkosten 複 種付け料 / Aufzucht 女 飼育 / unerschwinglich 形 調達不可能な

D | Wird auch künstliches Fleisch (Fleischalternativen) verwendet?

フェイクミート（代替肉）は普及していますか？

J Statistiken zeigen, dass derzeit mehr als 80 % der Bevölkerung wissen, dass es künstliches Fleisch gibt, aber es stößt nicht auf großes Interesse. Wahrscheinlich wird es hauptsächlich als vegetarisches Nahrungsmittel wahrgenommen. Nur etwa 10 % der Bevölkerung verwenden es tatsächlich. Es bleibt abzuwarten, wie sich dieser Trend entwickelt.

現在，フェイクミートの認知率は国民の 80% 以上あるとの統計もあります。しかし，一般的に関心が高いとは言えず，ベジタリアン向けの食材程度の認識かもしれません。実際に利用している人は約 10% にとどまっています。今後この普及率が伸びるかどうかはまだ不明です。

単語 Statistiken zeigen, dass ...　統計は〜と示している / derzeit　目下 / auf ... stoßen　〜に突き当たる / wahrnehmen　認識する / sich entwickeln　発展する

20 Fisch
魚

D | **Welche Fischsorten essen Sie?**
どんな魚を食べますか？

J | Wir essen eine Vielzahl von Fischen, darunter Thunfisch, Lachs und Sardinen. Auch Tiefseefische stehen auf dem Speiseplan. Ganze Fische werden seltener zu Hause zubereitet als früher, und immer mehr Geschäfte verkaufen Fischfilets. Das liegt daran, dass die Familien kleiner geworden sind und ein großer Fisch einfach zu viel ist.

マグロ，サケ，イワシなど，さまざまな種類の魚を食べます。深海魚も食べられています。以前と比べ，家庭で魚を一尾まるごと料理することが少なくなり，切り身魚を売る店が増えました。家族も少人数になり，食べきれなくなったこともあります。

> 単語 darunter その中に / zubereiten 調理する

D | **Was ist der Unterschied zwischen einem Sushi-Restaurant und einem *Kaitenzushi*-Restaurant?**
寿司屋と回転寿司屋とはどう違いますか？

J | In einem traditionellen Sushi-Restaurant sitzen die Gäste an einer Theke. Sie haben eine Auswahl an Zutaten, die sie direkt mit dem Sushi-Meister besprechen können. Dieser stellt dann das Sushi nach den Wünschen der Gäste zusammen. In *Kaitenzushi*-Restaurants werden die bereits zubereiteten Sushis auf einem Fließband serviert, und die Gäste nehmen sich den Teller ihrer Wahl. Die Farben der Teller entscheiden den Preis. Auch hier kann der Gast dem Koch sagen, welche Art von Sushi er mag, und sich diese zubereiten lassen. *Kaitenzushi* ist eine preisgünstigere Möglichkeit, möglichst viel von dem zu essen, was man mag.

昔ながらの寿司屋では，ねた（食材）が並んでいるカウンター席に客が座り，寿司を握る職人に好みを伝えたり，ねたの話をしたりしながら飲食を楽しみます。回転寿司では，すでに握られた寿司の皿が回転レーンに乗って提供され，客は自分の好きな皿を取って食べます。プレートの色によって価格が決まります。好みのねたを職人に伝えて握ってもらうこともできます。回転寿司のほうが手頃な価格で好きなものがたくさん食べられます。

単語 Theke 囡カウンター / Auswahl 囡選択 / besprechen 話し合う / Fließband 匣ベルトコンベア

D

Kann ich den Fischmarkt besuchen?

魚市場は見学できますか？

J Ja, man kann den Fischmarkt besuchen. Der weltberühmte Tsukiji-Markt wurde 2018 nach Toyosu verlegt. Er ist weniger als 30 Minuten vom Stadtzentrum Tokios entfernt und Sie können das lebhafte Treiben bei Auktionen beobachten. Dort können Sie in einem Restaurant mit frischen Fischspeisen essen oder Souvenirläden besuchen.

はい，見学できます。世界的に有名だった築地市場は 2018 年に豊洲に移転しました。東京都心部から 30 分以内でアクセスでき，活気ある競りを見学できます。また，新鮮な魚を使った飲食店での食事を楽しんだり，おみやげ店をのぞいたりできます。

単語 verlegen 場所を移す / beobachten 観察する

21 Reis

米

D Wie kochen und essen die Japaner Reis?

日本人は米をどのように調理して食べますか？

J Reis ist das Grundnahrungsmittel. Er wird ungewürzt in Wasser gekocht und pur mit Beilagen gegessen. Er wird aber auch zu Reisbällchen und Sushi verarbeitet und manchmal auch gewürzt als Pilaf oder gebratener Reis gegessen. Reissalat oder gar Milchreis sind nicht üblich.

米は主食で，味つけせずに水で炊いてそのままおかずとともに食べます。米は，おにぎり，寿司にもしますが，ピラフ，チャーハンのように調味して食べることもあります。サラダにしたり，牛乳で煮て食べる習慣はありません。

単語 Beilage 囡付け合わせ / zu ... verarbeiten ～に加工する

D Wie unterscheidet sich japanischer Reis von deutschem Reis?

米はドイツのものと違いますか？

J Japanischer Reis ist etwas klebrig und süßlich im Geschmack. Manche Japaner achten beim Kauf von Reis besonders auf die Herkunft und die Marke. Berühmt ist *Koshihikari*, aber es gibt auch viele andere schmackhafte und beliebte Marken wie *Akitakomachi* und *Yumepirika*.

日本の米はいくらか粘り気があって，甘みがあります。日本人の中には，米を購入する際に産地や銘柄にこだわる人もいます。コシヒカリが有名ですが，あきたこまち，

ゆめぴりかなど，ほかにもおいしいと人気の銘柄がたくさんあります。

単語 klebrig 形ねばねばする / Geschmack 男味 / Herkunft 女出どころ

D | Woher kommt der beste Reis?
日本のどの地域でおいしい米を作っていますか？

J Für leckeren Reis braucht man gutes Wasser, die richtige Temperatur und viel Land. Traditionell kommt der meiste Reis aus Nordjapan, vor allem aus den Präfekturen Niigata und Akita. In Hokkaido wurden neue Reissorten gezüchtet, so dass es heute zu den größten Reisproduzenten Japans gehört.

おいしい米をつくるためには，水，気温，広い土地などの条件を満たしている必要があります。生産量が多いのは，北日本，特に新潟県，秋田県などです。しかし，今日では品種改良などの努力により，北海道が全国トップクラスの生産量を誇るまでになりました。

単語 lecker 形おいしい / traditionell 形伝統的な / Nordjapan 北日本 / Präfektur 女県 / Sorte 女種類 / züchten 栽培する

22 Gewürze
調味料

D | Welche Gewürze werden zum Kochen verwendet?
料理にはどのような調味料を使いますか？

J | Die wichtigsten Gewürze sind Sojasauce, Essig, Zucker, Salz, Miso, Sake und *Mirin*. Besonders wichtig in der japanischen Küche ist „*Dashi*". Das ist so etwas wie Suppenbrühe. Im Jahr 2013 wurde die japanische Küche in die UNESCO-Liste des immateriellen Kulturerbes aufgenommen. Besonders berühmt ist danach *Dashi*, das aus Bonito und Seetang hergestellt wird. Bei bekannten Gerichten wie *Shabu-Shabu*, *Sukiyaki*, *Tempura*, gebratenem Aal und *Yakitori* spielt die Soße, mit der die Zutaten verfeinert werden, eine wichtige Rolle. Auch heute noch halten sich viele Restaurants an überlieferte Soßen, die von Generation zu Generation weitergegeben wurden.

　基本的には醤油，酢，砂糖，塩，味噌，それに酒，みりんなどを使います。和食の味の決め手は，西洋料理で使うスープストックに当たる「だし」です。2013年に「和食」がユネスコの無形文化遺産に登録されました。その後，鰹や昆布から取るだしが注目されるようになりました。よく知られているしゃぶしゃぶ，すき焼き，天ぷら，うなぎの蒲焼き，焼き鳥といった料理では，食材につけるたれ（ソース）が重要です。代々伝えられてきたたれを守っているお店もたくさんあります。

単語 Suppenbrühe 囡スープブイヨン / immaterielles Kulturerbe　無形文化遺産 / berühmt 圏有名な / verfeinern　洗練する / von Generation zu Generation　代々

Wenn Sie Gerichte aus anderen Ländern kochen, verwenden Sie doch auch andere Gewürze, oder?

外国の料理を作るとき，ほかのスパイスも使いますよね？

Ja, natürlich. Für chinesische Gerichte verwenden wir Sojasauce, Austernsauce usw., für italienische Gerichte Tomatensauce, Olivenöl und Balsamico-Essig. Obwohl wir authentische Gewürze lieben, gibt es im Supermarkt auch viele fertige Soßen. Dort gibt es Fertigprodukte wie Fertigcurry und Soßen in Flaschen für Steaks und gegrilltes Fleisch.

　はい，もちろん。中華料理では醤油やオイスターソースなどを使い，イタリア料理ではトマトソースやオリーブオイル，バルサミコ酢などを使います。私たちは本格的な調味料が大好きですが，スーパーマーケットには既製のソースもたくさんあります。ステーキや焼き肉用のソースやインスタントカレーなどの既製品もあります。

単語　authentisch ［形］本物の / Fertigprodukt ［中］既製品 / gegrillt ［形］グリルされた

Welche japanischen Gewürze sollte man als Souvenir kaufen?

日本の調味料をおみやげにするなら何がいいですか？

Wie wäre es mit japanischem *Dashi*? Granulat, Teebeutel mit Seetang, getrocknete Bonito-Flocken oder Allzweck-*Tsuyu* können für eine Vielzahl von Gerichten verwendet werden. Weitere Optionen sind *Wasabi* (japanischer Meerrettich) in Tuben und *Shichimi* (Chili mit sieben Gewürzen), ein scharfes japanisches Gewürz.

　和風だしはいかがですか？　顆粒状や昆布や鰹節の粉末が入っているティーバッグ仕様のだし，あるいはさまざまな料理に使える万能つゆなどが使いやすいです。ほかには，チューブ入りのわさび，日本的な辛み調味料の七味唐辛子などもあります。

単語　Wie wäre es mit ...? ～はどうですか？ / Granulat ［中］顆粒 / getrocknet ［形］乾燥した / Allzweck.. 万能～　参照 →74. おみやげ

23 Japanisches Essen

日本食

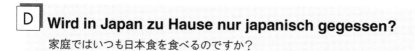

D **Wird in Japan zu Hause nur japanisch gegessen?**

家庭ではいつも日本食を食べるのですか？

J Nein, das hängt von der Altersstruktur der Familie ab. Kinder mögen Curry und Reis, Hamburger und Spaghetti. Ältere Menschen bevorzugen japanisches Essen, das oft gesünder und leichter ist. Da Kochen zeitaufwendig ist, kaufen viele Menschen heutzutage Fertiggerichte in Convenience-Stores und Supermärkten.

いいえ，家族の年齢構成にもよります。子どもたちはカレーライスやハンバーグ，スパゲッティなどが好きです。高齢者は比較的日本食を好む傾向です。日本食はあっさりしていてヘルシーです。調理に手間がかかるので，最近は調理済みの惣菜をコンビニやスーパーで購入する人も多いです。

単語 Altersstruktur 囡年齢構成 / bevorzugen 優遇する / zeitaufwendig 形時間のかかる / Fertiggericht 匣調理済み食品

D **Welche japanischen Gerichte empfehlen Sie?**

どんな日本料理がおすすめですか？

J *Sukiyaki, Shabu-Shabu, Tempura* und Sushi kann man eigentlich überall bekommen. Wie wäre es mit einer vegetarischen Mahlzeit in einem Tempel oder Restaurant? Essen auf pflanzlicher Basis, ohne Fleisch oder Fisch, wurde mit dem Buddhismus eingeführt und soll Körper und Geist trainieren.

　まず，すき焼き，しゃぶしゃぶ，天ぷら，寿司などは試しやすいでしょう。もし興味があれば，お寺や料理店で精進料理はいかがですか？ 仏教とともに伝わり，心身の鍛練を目指す，肉や魚を使わない野菜中心の日本料理です。

単語 Mahlzeit 女食事 / pflanzlich 形植物の / einführen 導入する

D In Japan sind die Portionen klein. Essen die Japaner nicht viel?
日本料理は量が少ないですね。日本人はあまり食べないのですか？

J Im Vergleich zu den Deutschen essen die Japaner sehr wenig. Das Motto „Das Auge isst mit" ist bei uns sehr wichtig. Japanische Gerichte werden in kleinen Portionen serviert, schön angerichtet auf einem passenden Teller. Es wird viel Wert auf die Präsentation, die Farbe und die Jahreszeit gelegt. Ganz anders als chinesisches Essen, das auf großen Tellern serviert und von vielen geteilt wird, oder dicke Steaks mit vielen Pommes frites.

　たしかにドイツ人と比較すると日本人の食は細めですね。日本料理は目で食べるといわれるように，少量を一皿ずつ，ふさわしい器にきれいに盛りつけて提供されます。盛りつけ，彩り，季節感を大切にしています。大皿に盛って大勢でシェアしながら食べる中華料理や，特大のステーキにたっぷりのフライドポテトを添える料理とはかなり違います。

単語 anrichten 盛りつける / auf ... Wert legen 〜に価値を置く / anders als ... 〜とは異なり

24 Wasser

水

D **Ist Sprudelwasser in Japan üblich?**

炭酸入りの水は日本でも一般的ですか？

J Ja, es wird in den Supermärkten verkauft. Seit kurzem gibt es eine gro-ße Auswahl an Wasser, darunter hartes, weiches und kohlensäurehaltiges Wasser. Früher wurde kohlensäurehaltiges Wasser hauptsächlich zur Herstellung von Whiskygetränken verwendet. Heute trinken viele Menschen kohlensäurehaltiges Wasser aus Gesundheits- und Schönheitsgründen. Auch Geräte zur Herstellung von Sprudelwasser für den Hausgebrauch finden reißenden Absatz.

　ええ，スーパーでも売っています。最近は水の種類が豊富になって，硬水，軟水や炭酸の強度なども選べます。炭酸水は，以前はウイスキーの炭酸割りをつくるための需要が主だったのですが，最近は健康や美容のために炭酸水を飲む人も多いようです。自宅で炭酸水を作る器具も飛ぶように売れています。

単語 seit kurzem　少し前から / kohlensäurehaltig　形炭酸入りの / Hausgebrauch　男自家使用 / reißender Absatz　飛ぶような売れ行き

D **Kann ich das Leitungswasser in Japan trinken?**

日本の水道水は飲めますか？

J Ja, das Wasser ist sicher. Zwar trinken viele Menschen seit einigen Jahren Mineralwasser und verwenden zu Hause Wasseraufbereiter, aber es ist gesundheitlich unbedenklich, Leitungswasser direkt aus dem Wasserhahn zu trinken. Die Wasserqualität von Flüssen und anderen Wasserquellen wird ständig weiter verbessert.

はい，安心して飲めます。近年ではミネラルウォーターの消費量が増え，家庭用浄水器の普及も進んでいますが，水道水を直接飲んでも健康上問題はありません。河川やほかの水源の水質改善の努力が現在も続いています。

単語 Wasseraufbereiter 男浄水器 / unbedenklich 形問題のない / Leitungswasser 中水道水 / Wasserqualität 女水質

D Ich habe gehört, dass Wasser in japanischen Restaurants kostenlos ist.

日本のレストランでは水は無料だと聞きました。

J Japanische Restaurants stellen ihren Gästen oft ein Glas Wasser und ein feuchtes Handtuch kostenlos zur Verfügung. Das Wasser ist weich, leicht zu trinken und kann direkt aus dem Wasserhahn in das Glas gefüllt werden, so dass keine Kosten anfallen.

日本の飲食店では，客へのサービスの一環として，まずコップ一杯の水とおしぼりを無料で出すことが多いです。軟水なので飲みやすく，蛇口から直接水をコップに入れることができるので，コストはかかりません。

単語 zur Verfügung stellen　自由に使わせる / feucht 形湿った / weich 形やわらかい / Kosten anfallen　費用が発生する

25 Sake

酒

D **Was ist der Unterschied zwischen Sake und *Shochu*?**

酒（日本酒）と焼酎はどのように違いますか？

J Sake ist ein gebrautes Getränk wie Bier und Wein, *Shochu* ist ein destilliertes Getränk, das aus Gerste, Süßkartoffeln, Zuckerrohr und Buchweizen hergestellt wird. Auch der Alkoholgehalt ist unterschiedlich: Sake enthält etwa 15 % Alkohol, *Shochu* etwa 25 %. Sake hat einen leicht süßlichen Geschmack und wird heiß, kalt oder bei Zimmertemperatur getrunken. *Shochu* wird oft mit Oolong-Tee, grünem Tee oder heißem Wasser gemischt.

　日本酒はビールやワインと同じ醸造酒であるのに対し，焼酎は蒸留酒で，原料は大麦，サツマイモ，サトウキビ，そばなどです。アルコール度数も異なり，日本酒は15度前後，焼酎は25度くらいです。日本酒はほんのり甘みがあり，温めたり冷やしたり，あるいは常温でそのまま飲みますが，焼酎はウーロン茶や緑茶，お湯などで割ることが多いです。

単語 brauen　醸造する / destillieren　蒸留する / enthalten　含有する / mischen　混ぜる

D **Zu welchen nicht-japanischen Gerichten passt Sake?**

日本酒は和食以外にも合いますか？

J Sake passt eigentlich zu fast jedem Gericht. In letzter Zeit wird in Japan immer weniger Sake getrunken. Das liegt zum Teil daran, dass die

Bevölkerung schrumpft, aber auch daran, dass sich der Geschmack der modernen Japaner verändert hat. Deshalb bemüht man sich, den Geschmack so zu verbessern, dass Sake auch zu chinesischen, französischen, italienischen und anderen Gerichten passt. Auch die Etiketten und Flaschen werden modernisiert. Wir laden Sie ein, unseren Sake zu probieren, der zu allen Gerichten, ob Fisch oder Fleisch, hervorragend schmeckt.

多くの料理に合います。国内では，人口減少，嗜好の変化などさまざまな理由で日本酒の消費量が減少しています。そこで，海外に向けて中華料理，フレンチ，イタリアンなどにも合う味わいの酒を目指して努力を続けています。また，ラベル，容器などにも工夫を重ねています。肉，魚を問わず，料理をおいしくする日本酒をぜひ試してみてください。

単語 an ... liegen ～が原因である / zum Teil 部分的に / schrumpfen 縮む / sich bemühen 尽力する / verbessern 改善する / zu ... passen ～に合う / Etikett 中 ラベル / hervorragend 形 すばらしい

D Ist Sake gesund?
日本酒は健康にはいいですか？

J Ja, Sake soll den Körper erwärmen und die Durchblutung fördern. Er enthält nur etwa 184 kcal pro *Gou* (180 ml). Das ist für Alkohol relativ wenig. Und er ist reich an Aminosäuren. Aber weil er so gut schmeckt, trinken viele Leute zu viel davon, und das ist natürlich nicht gesund. Also bitte vorsichtig damit.

はい，日本酒は身体を温め，血行を促進すると言われます。カロリーは１合（180ml）あたり約 184kcal です。アルコールとしては比較的低い方です。アミノ酸も豊富です。おいしいので，つい飲み過ぎてしまう人も多いようです。もちろん飲み過ぎは健康的ではありません。その点は気をつけてください。

単語 erwärmen 温める / Durchblutung 女 血行 / fördern 強める / relativ 形 比較的 / vorsichtig 形 用心深い

26 Bier

ビール

D **Trinken Japaner viel Bier? Mögen sie auch deutsches Bier?**

日本人はビールをよく飲みますか？　ドイツビールは好きですか？

J Der Bierkonsum in Japan hat ähnlich wie der Sake-Konsum um 1996 seinen Höhepunkt erreicht und ist seitdem stark gesunken. Das liegt zum einen daran, dass immer mehr und immer neue alkoholische Getränke auf den Markt kommen. Zum anderen sind die Bierpreise in Japan generell höher als in Deutschland. Außerdem gibt es nur wenige Lokale, in denen deutsches Bier ausgeschenkt wird. Leider ist das Bier dort so teuer, dass man es nicht unbeschwert genießen kann.

日本酒と同様，ビールも 1996 年前後をピークに国内では消費が低迷しています。アルコール飲料の多様化も原因ですが，ドイツに比べると日本のビールの価格が高いせいもあるでしょう。また，ドイツビールを提供しているところは少ないですし，値段も高いので，おいしいとわかっていても実際には気軽に飲めません。

単語 Höhepunkt 男 ピーク / auf den Markt kommen 市場に出回る / generell 形 一般的な / ausschenken （酒を）提供する / unbeschwert 形 気軽に

D **Welche gesundheitsbewussten Biersorten gibt es?**

健康志向のビールにはどのような種類がありますか？

J Neben normalem Bier gibt es in Japan derzeit eine weitere Biersorte, die „*Happoshu*" genannt wird. Für *Happoshu* gelten nicht die gleichen Beschränkungen für den Malzgehalt und andere Zutaten wie für normales Bier. Es schmeckt aber ähnlich wie Bier und es gibt auch zucker- und purinfreie Sorten.

　現在，日本にはビールのほかに，発泡酒というジャンルがあります。発泡酒は，ビールのように麦芽使用率や副原料の使用率に制限がありません。ビールによく似た味わいで，糖質ゼロ，プリン体ゼロという種類もあります。

単語 Beschränkung 〔女〕制限 / Malzgehalt 〔男〕麦芽含有量 / purinfrei 〔形〕プリン体ゼロの

D | Gibt es in Japan Bierfeste wie das Oktoberfest?

オクトーバーフェストのようなビール祭りはありますか？

J | Ja, Bierfeste gibt es überall im Land, nicht nur im Oktober, sondern fast das ganze Jahr über. In Sapporo in Hokkaido werden zum Beispiel von Juli bis August Biergärten eröffnet. Dort werden Biere der vier großen japanischen Brauereien, aber auch deutsche und internationale Biere ausgeschenkt, dazu gibt es eine große Auswahl von Speisen. Das Ganze hat natürlich einen kleineren Rahmen als das Münchener Oktoberfest.

　はい。10 月だけでなく，ほぼ一年中あちこちで行われています。たとえば，7 月から 8 月にかけて北海道の札幌ではビアガーデンがオープンします。日本の 4 大ビールメーカーのビールだけでなく，ドイツや世界のビール，さまざまな食べ物も提供されます。もちろん，いずれもミュンヘンのオクトーバーフェストほどの規模ではありません。

単語 das ganze Jahr über 一年中 / Brauerei 〔女〕醸造所 / Rahmen 〔男〕枠

27 *Soba* und *Udon*

そば・うどん

D **Was ist der Unterschied zwischen *Soba*- und *Udon*-Nudeln?**

そばとうどんはどう違いますか？

J *Udon*-Nudeln sind dicker und weißer als *Soba*-Nudeln und werden aus Weizenmehl hergestellt. *Soba* sind dünne, dunkle Nudeln. Sie werden aus Buchweizenmehl und meist einem Anteil Weizenmehl hergestellt. Buchweizen ist besonders reich an Mineralstoffen und Polyphenolen, kann aber unter Umständen Allergien auslösen. Beide Nudelsorten sind beliebt, weil sie leicht verdaulich und schnell verfügbar sind. Sie werden oft kalt gegessen und in Soße getunkt. *Tempura-Soba* und Curry-*Udon* werden auch warm gegessen. Es ist üblich, *Soba* zu Silvester zu essen, um sich ein langes Leben zu wünschen.

うどんは、そばより太い白い麺で、原料は小麦粉です。そばは細くて黒っぽい麺です。そば粉を用いて、通常は何割か小麦粉を混ぜて作ります。特に、そばにはミネラル類やポリフェノールが豊富に含まれています。そばは状況により重いアレルギーを引き起こすこともあります。どちらも胃にやさしく手軽に食べられるので人気があります。それぞれ、冷やしてつゆにつけて食べたり、天ぷらそば、カレーうどんなどのように温めて食べたりします。そばは、長く生きられるようにという願いを込めて大晦日に食べる習慣があります。

単語 Weizenmehl 中小麦粉 / Buchweizenmehl 中そば粉 / reich an ... ～に富んだ / unter Umständen 場合によっては / Allergien auslösen アレルギーを引き起こす / leicht verdaulich 消化しやすい / verfügbar 形すぐ手に入る

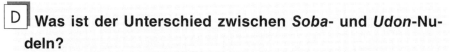

Gibt es einen Unterschied zwischen *Soba*-Restaurants in der Stadt und *Soba*-Ständen an Bahnhöfen?

街で見かける個人経営のそば屋と駅の立ち食いそばは違いますか？

J　An den Nudelständen in den Bahnhöfen können Sie schnell und günstig an der Theke essen, während Sie auf Ihren Zug warten oder wenn Sie einen kleinen Hunger haben. Die Nudelrestaurants in den Städten sind manchmal sehr anspruchsvoll, was die Zubereitung der Nudeln, die Gewürze und die Beilagen betrifft. Manche bieten sogar alkoholische Getränke an.

駅の立ち食いそばスタンドでは，電車を待つ間やちょっと小腹が空いたときなど，カウンターで安く早く食べられます。街にある個人経営のそば屋では，麺の打ち方，薬味，副菜などにこだわり，お酒を飲めるところもあります。

単語　anspruchsvoll 形要求の高い / Zubereitung der Nudeln 麺の調理・加工 / was ... betrifft 〜に関して言えば

D **Warum gibt es in der Stadt so viele *Ramen*-Läden?**

ラーメン屋さんがたくさんありますが，なぜ人気があるのですか？

J　*Ramen* stammen ursprünglich aus China, haben sich aber zum Lieblingsessen der Japaner entwickelt. Allein in Tokio soll es rund 2.500 *Ramen*-Läden geben, landesweit sind es 25.000. Vor den beliebtesten Lokalen stehen oft lange Schlangen. *Ramen* schmecken sehr gut, aber das ist nicht der einzige Grund für ihre Beliebtheit. Sie sind schnell und einfach zu essen, sättigen und sind überraschend preiswert.

ラーメンはもともと中国から入ってきましたが，今では日本人の大好きな食べ物になりました。東京だけでも約2500軒，全国では約2万5千軒あると言われています。人気店では外で長い列を作って待っているほどです。人気の理由はおいしいこともももちろんですが，やはり驚くほど手頃な値段でお腹がいっぱいになること，早く簡単に食べられることでしょうか。

28 Das Frühstück

朝食

D **Was frühstückt man in Japan?**

朝食には何を食べますか？

J Es gibt viele verschiedene Arten von Frühstück. Es gibt das traditionelle japanische Frühstück mit Reis, Misosuppe und gegrilltem Fisch oder das westliche Frühstück mit Brot, Getränken, Salat und Eiern. Manche essen auch nur Müsli mit Milch, Reisbällchen oder Sandwiches. Die Art des Frühstücks variiert von Haushalt zu Haushalt.

いろいろな朝食がありますよ。ご飯，味噌汁，焼き魚などの和風朝食，パン，飲み物，サラダ，卵料理などの洋風朝食，もっと簡単にシリアルに牛乳，おにぎり，サンドイッチなどなど。朝食のスタイルは家庭によってさまざまです。

> **単語** westlich 形西洋の / variieren さまざまに異なる

D **Wird in Hotels und Pensionen Frühstück serviert?**

ホテルや旅館は朝食付きですか？

J Die meisten Hotels und Pensionen bieten Frühstück an. In einigen Hotels kann man zwischen einem japanischen und einem westlichen Frühstück wählen, aber viele bieten auch ein Frühstücksbuffet an. In *Ryokans* wird normalerweise ein japanisches Frühstück serviert. Einige Hotels und *Ryokans* sind für ihre reichhaltigen Frühstücksmenüs bekannt.

たいていは朝食付きです。和風朝食，洋風朝食を選べるところもありますが，バイキング形式も多いです。旅館はふつう和風朝食です。充実した朝食メニューで人気を集めているホテル，旅館もありますよ。

単語 reichhaltig 形充実した / bekannt 形有名な 参照 →73. 旅館・民泊

D Warum lassen manche Menschen das Frühstück ausfallen?
朝食を抜く人もいますが，なぜですか？

J Dafür gibt es viele Gründe. Manche Studenten, die alleine wohnen, sagen, dass sie lieber ausschlafen. Ihnen ist die Zubereitung des Frühstücks morgens zu aufwendig. Andere Gründe sind Diäten oder dass die Zeit lieber für andere Dinge genutzt wird.

理由はいろいろあります。一人暮らしの学生の中には，もっと寝たいとか，朝から作るのが面倒だと言う人もいます。ほかにも，ダイエットのためや別のことに時間を割くためなど，さまざまです。

単語 ausschlafen ぐっすり眠る / aufwendig 形費用（労力）のかかる

29 Japanische Süßigkeiten (*Wagashi*)
和菓子

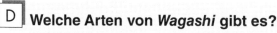

D **Welche Arten von *Wagashi* gibt es?**

和菓子にはどんな種類がありますか？

J *Wagashi* können in frische, halbverderbliche und getrocknete Süßwaren unterteilt werden. Zu den frischen gehören *Dorayaki*, ein biskuitähnlicher Kuchen, der mit süßer Bohnenpaste gefüllt ist. Diese und andere hübsche Süßigkeiten werden oft bei Teezeremonien verwendet. *Yokan* wird je nach Wassergehalt als frisches oder halbverderbliches Konfekt klassifiziert. Getrocknete Süßigkeiten sind lange haltbar und eignen sich daher gut als Mitbringsel.

　生菓子，半生菓子，干菓子に分かれます。生菓子には，あんをカステラ風の生地で挟んだ「どら焼き」などのほか，お茶席などで使われる美しい菓子があります。羊羹は水分量によって生菓子，半生菓子に分類されます。干菓子は日持ちするので，手みやげに便利です。

単語 unterteilen　細分化する / Bohnenpaste　囡あん / klassifizieren　分類する / lange haltbar　長持ちする / Mitbringsel　囲おみやげ

D **Kann man *Wagashi* selbst herstellen?**

和菓子は家庭でも作れますか？

J Einige können zu Hause hergestellt werden. Für die Süßigkeiten, die bei Teezeremonien gereicht werden, werden nur die besten Zutaten verwendet. Sie werden von begabten Meistern in alteingesessenen Betrieben hergestellt und sind nicht so einfach zu Hause nachzumachen. Wie bei den deutschen Meistern gibt es auch hier Herstellungsmethoden, die ein Geheimnis bleiben.

作れるものもあります。茶席で出されるような上質な菓子は，老舗のすぐれた技を持つ職人が作ったもので，家庭ではなかなか作れません。ドイツの名職人の店と同様に門外不出の製法もあります。

単語　reichen　手渡す / begabt　形有能な / nachmachen　まねる / Geheimnis　中秘密

D Gibt es japanische Süßwarenspezialitäten wie Stollen, die mit bestimmten Ereignissen oder Jahreszeiten verbunden sind?

シュトレンのように行事や季節にちなんだ和菓子はありますか？

J Ja, die gibt es. Ursprünglich gab es *Wagashi*, die jeden der 12 Monate repräsentierten, aber heute sind eigentlich nur noch drei Sorten bekannt. *Sakura-Mochi* ist eine in gesalzene Kirschblätter gewickelte Süßigkeit, die zur Zeit der Kirschblüte gegessen wird. *Kashiwa-Mochi* ist eine in Eichenblätter gewickelte Süßigkeit, die im Mai zum Kindertag gegessen wird. *Kashiwa*-Blätter sollen den Kindersegen bringen. Außerdem gibt es *Ohagi*, das den Geistern der Ahnen an der Tagundnachtgleiche im März und September geopfert wird. *Ohagi* ist eine Art Reiskuchen.

はい。もともとは 12 か月それぞれの和菓子がありましたが，現在知られているのは 3 種類だけです。桜餅は桜の季節に食べる塩漬けの桜の葉で包んだお菓子です。柏餅は 5 月のこどもの日に食べる柏の葉で包んだお菓子です。柏の葉は子宝に恵まれると言われています。3 月と 9 月のお彼岸（春分と秋分の日）には先祖の霊を祀る「おはぎ」もあります。おはぎは餅の一種です。

単語　repräsentieren　代表する / salzen　塩漬けにする / wickeln　巻く / Kindertag　男こどもの日 / opfern　ささげる / Reiskuchen　男餅

30 Tatami und Futon
畳・布団

D **Wie werden Tatami-Räume benutzt?**

畳の部屋はどのように使うのですか？

J Tatami-Räume sind echte Alleskönner. Man kann sie zum Beispiel tagsüber als Wohnzimmer und nachts als Schlafzimmer nutzen. Viele nutzen sie auch als Gästezimmer. Heutzutage gibt es aber immer weniger Häuser mit Tatamizimmern, weil es schwierig ist, die Tatami-Matten zu pflegen. Außerdem ist es für viele lästig, jeden Tag den Futon wegzuräumen. Tatamis müssen alle drei bis fünf Jahre ausgetauscht werden, und es gibt immer weniger Handwerker, die das können. Der Geruch und das Gefühl von neuen Tatamis sind jedoch wunderbar.

　畳の部屋は，たとえば日中は居間，夜は寝室というふうに多目的に使えます。ゲストを迎える客間にもなります。畳のメンテナンスや毎日の布団の片付けが大変になり，和室のある家は少なくなりました。畳は 3 ～ 5 年に一度張り替える必要があり，張り替えができる職人も減っています。新しい畳の香りや手触りは気持ちのいいものですが。

単語 Alleskönner 男 万能なもの / lästig 形 厄介な / wegräumen かたづける / Handwerker 男 職人 / Geruch 男 匂い

D **Schläft man direkt auf den Tatami-Matten?**

寝るときは畳の上にじかに寝るのですか？

J Nein. Auf die Tatami wird eine dicke Matratze gelegt und darauf eine Bettdecke. Die Bettdecken werden an sonnigen Tagen im Freien getrocknet, um die Feuchtigkeit zu entfernen und sie weich und flauschig zu machen. So hat man es jedenfalls früher gemacht. Heute haben sich die Lebensgewohnheiten geändert und man sieht nur noch selten Bettdecken im Freien hängen.

いいえ，畳の上に厚めのマットレスを置き，その上に敷き布団を敷きます。布団は，天気のいい日に外に干して湿気を取るとふかふかになります。以前はそうした布団干しがごく当たり前に行われていましたが，生活習慣が変わり，この光景はあまり見られなくなりました。

単語 flauschig 形ふわふわとした / Lebensgewohnheit 女生活習慣 / im Freien hängen 屋外に干す

D ## Schlafen die Japaner eher im Bett oder auf Futons?

日本人は一般的にベッドで寝ますか，それとも布団ですか？

J Ich würde sagen, dass heute mehr Japaner im Bett als auf dem Futon schlafen. Laut einer Umfrage liegt das Verhältnis bei 6:4. Das könnte daran liegen, dass der Lebensstil westlicher geworden ist. Außerdem müssen Betten nicht jeden Tag weggeräumt werden wie Futons. Das ist einfacher.

ベッド派のほうが布団派より多いでしょうね。アンケートによると6対4の割合だそうです。生活様式が洋風になったこと，布団のように毎日収納する必要がなく，手軽なことなどがベッド派が多い理由でしょうか。

単語 Umfrage 女アンケート / Verhältnis 中割合 / Lebensstil 男ライフスタイル

31 Heizung
暖房

D Welche Arten von Heizungsanlagen gibt es?
どんな暖房器具がありますか？

J In städtischen Gebieten werden hauptsächlich Klimaanlagen verwendet, aber es gibt auch Öl-, Gas- und Elektroheizungen oder elektrische Teppiche und Fußbodenheizungen. Viele Menschen benutzen im Winter einen *Kotatsu*. Da sich Japan von Norden nach Süden erstreckt, sind die Heizungssysteme von Region zu Region unterschiedlich. In Hokkaido und der Region Tohoku sind die Winter ähnlich lang wie in Deutschland, so dass dort andere Heizgeräte verwendet werden.

都市部では主にエアコンを使っていますが，ほかに石油・ガス・電気ストーブ，電気カーペット，床暖房などがあります。こたつも多くの人が冬に使っています。日本は北から南まで縦に長いので，地域によって暖房器具にも違いがあります。北海道や東北地方はドイツと同じく冬の長い地域で，さまざまな暖房器具が使われています。

単語 Gebiet 中地域 / Klimaanlage 女エアコン / Fußbodenheizung 女床暖房 / sich erstrecken 広がる / Heizgerät 中暖房器具

D Was ist ein *Kotatsu*?
こたつとはなんですか？

J Ein *Kotatsu* ist ein niedriger Tisch mit einem elektrischen Heizgerät an der Unterseite der Tischplatte. Eine Decke wird über den Tisch gelegt, um die Wärme zu speichern. Um sich zu wärmen, kann man die Beine unter die Decke stecken. Im Sommer kann man die Decke abnehmen und den Tisch als Schreibtisch benutzen. Neuerdings gibt es auch höhere Esstische mit *Kotatsu*.

低めの机の天板の裏側に電熱器が付いており，上からカバーを掛けて内側を暖めます。皆が足を入れて温まります。夏はカバーを外せば机として使えます。最近では，テーブルの高さのものもあります。

単語 Wärme speichern 熱をためる / sich wärmen 暖まる / neuerdings 最近

D Gibt es Zentralheizungen?
セントラルヒーティングはありますか？

J In manchen Gegenden gibt es Zentralheizungen. In Regionen mit langen Wintern, wie z.B. Hokkaido, kann so das ganze Haus gleichmäßig geheizt werden. In den meisten Teilen Japans wird die Klimaanlage zum Heizen verwendet. Die Klimaanlage dient allerdings vor allem dem Schutz vor der Sommerhitze. Wegen der hohen Temperaturen und der hohen Luftfeuchtigkeit im Sommer haben viele Häuser Klimaanlagen in jedem Raum.

一部の地域ではセントラルヒーティングを活用しています。北海道など冬の長い地域は家全体をまんべんなく暖めることもあるようです。日本の大半の地域では，夏の暑さをしのぐためにエアコンを利用しています。夏は高温で，しかも多湿なので，部屋ごとにエアコンが付いている家が多いです。

単語 Zentralheizung 女セントラルヒーティング / dienen 役に立つ / Luftfeuchtigkeit 女湿度

32 Bad und Toilette
風呂・トイレ

D **Wird in Japan mehr gebadet als geduscht?**
日本ではシャワーより風呂に入るほうが多いですか？

J Viele Menschen duschen lieber, aber andere entspannen sich auch gerne in der Badewanne. Japan ist seit jeher reich an heißen Quellen, in denen man baden kann. Daher war es lange Zeit üblich, dass man, wenn man zu Hause kein Bad hatte, in öffentliche Bäder ging, um Körper und Geist zu entspannen. Das ist auch heute noch so. Ein Bad zu Hause soll den Körper nicht nur reinigen, sondern auch von den Strapazen des Tages befreien.

シャワー派も多いですが，ゆっくり湯船につかってリラックスしたい人も多いのではないでしょうか。温泉の多い日本では，昔からその恩恵に浴している地域も多いです。家に風呂がなくても公共の浴場を利用して心身を癒やしてきました。現代でも同様で，自宅での入浴は身体を清潔にするだけでなく，一日の疲れを癒やしてくれるのです。

> **単語** sich entspannen　リラックスする / seit jeher　以前からずっと / reinigen　清潔にする / Strapaze　女 辛労 / befreien　解放する

D **Wie sieht ein japanisches Bad aus?**
家庭の風呂の設備はどのようなものですか？

J Die Ausstattung des Badezimmers hat sich stark verändert. In Japan wäscht man sich außerhalb der Wanne, bevor man in die Wanne steigt.

Die Badewanne ist tiefer und kürzer als in Deutschland und wird mit sehr heißem Wasser gefüllt. Die moderne Badewanne hat verschiedene Funktionen. Sie kann zum Beispiel automatisch die Wanne füllen und die Temperatur regeln. Eine automatische Stimme informiert, wenn das heiße Wasser fertig ist.

　風呂の設備はかなり進歩しています。日本の浴室では洗い場でまず身体の汚れを落とし，お湯が張ってある浴槽にゆっくりつかります。浴槽はドイツに比べて深くて短く，とても熱い湯がたまっています。浴槽自体にはさまざまな機能が付いています。例えば，自動でお湯をためたり，温度管理ができます。お湯張りが完了したら音声で知らせてくれます。

単語 füllen　満たす / regeln　調整する / automatische Stimme　自動音声

D | Japanische Toiletten sind wunderbar, nicht wahr?
トイレの設備はすごいですね？

J | Das stimmt. Japanische Toiletten entwickeln sich ständig weiter. Sie sind nicht nur mit einer Warmwasserreinigung ausgestattet, sondern öffnen und schließen den Toilettendeckel auch automatisch und halten den Toilettensitz warm.

　そうですね。日本のトイレの進化は止まりません。温水洗浄付きであるのはもちろん，便器の蓋の開け閉め，便座の保温など自動で行ってくれます。

単語 Warmwasserreinigung　[女]温水洗浄 / Toilettendeckel　[男]便座の蓋 / Toilettensitz [男]便座

33 Wohnen in Japan
住居

D **Sind in Japan alle Häuser klein?**

日本の家は狭いのですか？

J Geräumige Häuser sind selten, vor allem in den Großstädten. Freistehende Häuser mit Garten sind in den Städten aufgrund der hohen Bevölkerungsdichte und der hohen Grundstückspreise schwer zu finden. In ländlichen Gebieten gibt es große Häuser mit Gärten. Die durchschnittliche Wohnfläche pro Haus beträgt in Tokio etwa 65 m², während sie in Toyama und Fukui mit 130 m² am größten ist.

特に大都市では広い家は少ないでしょう。都市では人口が密集して地価が高いため，庭付き一戸建てはなかなか手に入りません。地方には庭付きの広い家があります。住宅あたりの平均面積は，東京都が約65㎡なのに対し，最も広い富山県や福井県では130㎡もあります。

単語 geräumig 形広々とした / Grundstückspreis 男地価 / durchschnittlich 形平均的な / Wohnfläche 女居住面積

D **Was ist verbreiteter, Einfamilienhäuser oder Mehrfamilienhäuser?**

一戸建てと共同住宅，どちらが多いですか？

J Landesweit liegt der Anteil der Einfamilienhäuser bei etwa 55 %, der Anteil der Mehrfamilienhäuser bei etwa 40 %. In Akita liegt der Prozentsatz der Einfamilienhäuser bei über 80 %. Auch in den Präfekturen am japanischen Meer, wie Fukui, Toyama und Yamagata wohnen die meisten Menschen in Einfamilienhäusern. Andererseits ist der Anteil der Mehrfamilienhäuser in den Großstadtregionen wie Kanagawa und Osaka höher, wobei Tokio mit rund 70 % an der Spitze liegt. Immer mehr Mehrfamilienhäuser werden zu Hochhäusern, wobei die Zahl der sogenannten Turm-Eigentumswohnungen mit 20 oder mehr Stockwerken zunimmt. Bei der Wohnungssuche wird vor allem auf den Arbeits- und Schulweg geachtet. Ansonsten wird darauf geachtet, dass Supermärkte und Parks in der Nähe sind. Auch die Aussicht und das Tageslicht sind wichtige Punkte bei der Suche nach einer Wohnung. Die perfekte Wohnung zu finden, ist jedoch sehr schwierig.

　全国的に見ると，一戸建ての割合が約55%，共同住宅が約40%です。一戸建ての割合は，秋田県で80%を超すのをはじめ，福井県，富山県，山形県など日本海側の県で多くなっています。一方で，共同住宅の割合は，東京都の約70%を筆頭に，神奈川，大阪など大都市を含む都府県で高くなっています。共同住宅は高層化が進み，20階以上のいわゆるタワーマンションも増えました。部屋探しには，通勤，通学の便のほか，公園の有無，近隣のスーパー事情や部屋からの眺め，日当たりも大事なポイントですが，なかなかすべてがそろった住居には住めません。

> 単語　Einfamilienhaus 　中 一世帯用住宅 / landesweit 　形 全国的に / Anteil 　男 割合 /
> sogenannt 　形 いわゆる / Turm-Eigentumswohnung 　女 タワー型分譲マンション /
> Stockwerk 　中 階 / Tageslicht 　中 日光

D　Wie ist die Wohnung aufgeteilt? Gibt es Besonderheiten, die es nur in Japan gibt?

部屋の種類は？　日本特有のものはありますか？

J　Das hängt von der Anzahl der Personen in der Familie ab, aber eine typische Raumaufteilung wäre: Schlafzimmer, Kinderzimmer, Küche, Esszimmer, Wohnzimmer und Bad. Selten gibt es ein Arbeitszimmer oder einen Keller wie in Deutschland, und jedes Zimmer ist relativ klein. Eine Besonderheit in Japan sind die japanischen Zimmer mit Tatami-Matten. Hier gibt es traditionell eine Nische, in der Schriftrollen aufgehängt oder Blumengestecke ausgestellt werden. Die Anzahl der Tatami-Matten in einem japanischen Zimmer gibt die Größe des Raumes an. Die Größe einer Tatami-Matte variiert jedoch von Region zu Region.

　家族の人数にもよりますが，典型的な間取りは，寝室，子ども部屋，キッチン，ダイニング，リビングと浴室といったところでしょうか。ドイツのように書斎や地下室などはめったにありませんし，一部屋も比較的狭いです。和室の畳と，部屋の一角に作られた掛け軸や生け花を飾る床の間は日本特有と言えるでしょう。和室は畳の数で部屋の広さを表します。ただし，一枚の畳のサイズは地域によって違いがあります。

単語 Raumaufteilung 囡間取り / Nische 囡壁のくぼみ / Schriftrolle 囡掛け軸 / Blumengesteck 囲生け花 参照 → 30. 畳・布団

第 3 章

Tradition

und

Kultur

日本の伝統と文化

34 *No* und *Kyogen*

能・狂言

034

D **Wie haben sich die traditionellen japanischen Theaterfor-men *No* und *Kyogen* entwickelt?**

日本の伝統的な演劇，能と狂言はどのように発展したのですか？

J *No* und *Kyogen* entwickelten sich beide aus der Darstellungskunst des *Sarugaku*, die im 8. Jahrhundert aus China kam. Im 14. und 15. Jahrhundert perfektionierten der *Sarugaku*-Schauspieler Kanami und sein Sohn Zeami das *No*. Es wurde zu einer Art Musical mit fast sprachlosem Gesangs- und Tanztheater. *Kyogen* ist ein gesprochenes Dialogstück, das zwischen den *No*-Stücken aufgeführt wird.

能と狂言は，ともに 8 世紀に中国から伝わった猿楽という芸能から発展しました。14 〜 15 世紀に，猿楽役者の観阿弥と息子の世阿弥がミュージカルのようなほとんどせりふのない歌舞劇の能を完成させました。そして，能と能の合間にせりふ劇の狂言が演じられるようになりました。

D ***No* wird mit Masken aufgeführt, ist das richtig?**

能は仮面をつけて演じるそうですね。

J Ja, das ist richtig. *No* wird von einem Hauptdarsteller namens *Shite* und einem Nebendarsteller namens *Waki* gespielt. Der *Shite* trägt normalerweise eine Maske und der *Waki* nicht. *Waki* soll einen echten Menschen darstellen, während die Hauptrolle von einem nicht-menschlichen

Wesen wie einem Oger oder einem Geist gespielt wird. Auf der rechten Seite der Bühne steht ein Chor namens *Jiutai*, dessen Lieder Szenen, Gespräche und die Psychologie des *Shite* beschreiben. Die Schauspieler drücken ihre Gefühle durch stilisierte, einfache und langsame Bewegungen aus.

はい。能はシテと呼ばれる主役と，ワキと呼ばれる脇役によって演じられます。シテはふつう仮面をつけ，ワキはつけません。ワキは現実の人間で，主役のシテは鬼，幽霊など人間以外の存在であるからだと言われています。舞台の右手には地 謡 というコーラスがいて，斉唱で情景や会話，シテの心理を物語ります。演者は様式化された，簡素でゆっくりとした動きで感情を表現します。

D Was ist der Unterschied zwischen *Kyogen* und *No*?

狂言は能と比べるとどこが違うのですか？

J *Kyogen* ist ein Sprechdrama, eine Komödie, in der alltägliche menschliche Schwächen und Freuden, Sorgen, Wut und Vergnügen auf komische Weise dargestellt werden. Es behandelt vertraute Themen, die auch heute noch aktuell sind. Die Schauspieler tragen keine Masken und ihre Bewegungen sind im Vergleich zum *No* stark übertrieben. Während *No* eine Fantasiewelt ist, in der Geister und andere Figuren auftreten, geht es im *Kyogen* um ganz normale Menschen. *No* und *Kyogen* werden regelmäßig in *No*-Theatern in ganz Japan und auf der wunderschönen *No*-Bühne des Itsukushima-Schreins in der Präfektur Hiroshima aufgeführt. Der Schrein gehört zum Weltkulturerbe.

狂言はせりふ劇で，人間にありがちな失敗や喜怒哀楽をコミカルに演じる喜劇です。現代にも通じる身近な題材を扱っていて，演者は面をつけず，動作も能に比べて大きく誇張されています。能は幽霊などが登場するファンタジーの世界だとすれば，狂言に出てくるのは市井の人々です。能・狂言は，日本各地にある能楽堂や，世界文化遺産に登録されている広島県の厳島神社にある美しい能舞台などで定期的に上演されています。

35 *Bunraku*

文楽

D | **Welche Art von Theater ist *Bunraku*?**

文楽とはどんな演劇ですか？

J | *Bunraku* ist eine Form des Puppentheaters, die im 17. Jahrhundert in Osaka entstand und von einem Erzähler namens *Tayu*, einem Schamisenspieler und einem Puppenspieler gemeinsam aufgeführt wird. Im Gegensatz zu Marionetten, die mit Fäden und Fingern gesteuert werden, wird im *Bunraku* eine Puppe von 3 Spielern bewegt. Der erste bewegt den Kopf, die rechte Hand, die Augen und den Mund der Puppe, der zweite nur die linke Hand und der dritte nur die Füße.

17 世紀に大阪で生まれた人形劇で，「太夫」という語り手，三味線弾き，人形遣いが一緒に演じます。糸や指で操るマリオネットとは異なり，文楽では人形 1 体を 3 人の人形遣いが動かします。1 人目は人形の頭と右手を動かすと同時に，目と口も動かします。2 人目は左手だけを動かし，3 人目は足だけを動かします。

単語 Puppentheater ［中］人形劇 / gemeinsam ［形］一緒の / steuern 操る

D | ***Bunraku*-Bühnen haben eine ungewöhnliche Struktur, nicht wahr?**

文楽の舞台は変わった構造ですね。

J | Ja, das stimmt. Das Puppenspiel findet auf der mittleren Bühne statt. Der *Tayu* und der Schamisenspieler sitzen auf der rechten Seite der Büh-

schen Geschichten bis hin zu Darstellungen der Welt und der menschlichen Gefühle in der Edo-Zeit.

　歌舞伎は音楽と舞踊，せりふ劇が一体となったもので，そのルーツは，1603 年に「出雲の阿国」という女性が京都で始めた「かぶき踊り」にあると言われています。そもそも「かぶき者」とは，「奇抜な身なりや行動をする者」を意味します。その名が示すような，歌舞伎役者の大げさな動作や派手なメイク（隈取り）が，当時の庶民の心をつかんで人気を博しました。演目の題材は，歴史的な物語から江戸時代の世相や人情を描いたものなどさまざまです。

単語　Mischung aus ... 〜のミックス / annehmen　推測する / Wurzel　⃝女根源 / ins Leben rufen　生み出す / exzentrisch　⃝形エキセントリックな / andeuten　暗示する / übertreiben　誇張する

D｜Stehen nur Männer auf der Kabuki-Bühne?
歌舞伎の舞台に立つのは男性だけですか？

J｜ Ja, mit Ausnahme von Kinderdarstellern werden Kabuki-Theaterstücke in der Regel nur von Männern aufgeführt. Obwohl Frauen mit Kabuki begannen, verbot ihnen das Edo-Shogunat, auf der Bühne aufzutreten. Man fürchtete, die öffentliche Moral zu stören. Seitdem hat sich eine Tradition etabliert, in der nur Männer auf der Bühne stehen. Männer, die Frauenrollen spielen, werden *Onnagata* genannt.

　はい。子役を除き，基本的に歌舞伎の舞台は男性のみで演じられます。歌舞伎を始めたのは女性ですが，風紀の乱れを恐れた江戸幕府は女性が舞台に立つことを禁じました。それ以来男性だけで演じる伝統が確立しました。女性の役を演じる男性を「女形」と呼びます。

単語　Edo-Shogunat　⃝中江戸幕府 / fürchten　恐れる / öffentliche Moral　風紀 / stören　妨げる / sich etablieren　確立する

37 Feste
祭り

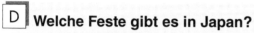

D Welche Feste gibt es in Japan?
日本にはどんな祭りがあるのでしょう？

J Ein besonders bekanntes Fest ist das Gion Matsuri, das auf eine über 1000-jährige Geschichte zurückblicken kann. Es ist ein Fest des Yasaka-Schreins in Kyoto und findet jedes Jahr einen Monat lang im Juli statt. Höhepunkt des Festes ist ein Umzug mit insgesamt 34 Festwagen. Ein weiteres bekanntes Volksfest ist das Nebuta Matsuri in Aomori im August. Bei diesem Fest werden riesige Papierlaternen, die *Nebuta*, auf Wagen durch die Stadt geschoben. Sie stellen unter anderem historische Helden dar. In ganz Japan gibt es viele weitere interessante Feste, darunter das Tenjin Matsuri in Osaka, das Kanda Matsuri am Kandamyojin-Schrein in Tokio und das Sanja Matsuri am Asakusa-Schrein.

　特に有名な祭りの1つが，千年以上の歴史がある祇園祭です。これは京都の八坂神社の祭礼で，毎年7月に1か月にわたって行われます。祭りのハイライトは合わせて34基の山鉾の巡行です。8月に行われる青森のねぶた祭も有名です。ねぶたと呼ばれる紙の巨大な灯篭が特徴で，台車に載せて町内を運行します。これは歴史上の英雄などを表現しています。そのほかにも大阪の天神祭，東京の神田明神の神田祭や浅草神社の三社祭など，日本全国に魅力的な祭りが数多くあります。

単語 zurückblicken　振り返る / insgesamt　全部で / Volksfest 　中民間の祭り / Papierlaterne　女紙灯篭 / durch die Stadt　町内をあちこち

Gibt es auch Winterfestivals?

冬の祭りもありますか？

J Ja, zum Beispiel das Sapporo Snow Festival, das im Februar in Hokkaido stattfindet. Es wurde 1950 von Einheimischen ins Leben gerufen und zieht heute Teams aus der ganzen Welt an, die große Schneeskulpturen erschaffen. In einem Schneeskulpturenwettbewerb wird dann ermittelt, wer der Beste ist. Der *Torinoichi*-Markt findet im November vor allem in der Kanto-Region statt, wobei der Otori-Schrein in Asakusa besonders bekannt ist. Ursprünglich soll es sich um ein Erntedankfest im Herbst gehandelt haben. In letzter Zeit hat es sich jedoch zu einem Fest entwickelt, bei dem die Menschen auf dem Markt Glücksbringer wie Harken und winkende Katzen kaufen. Damit kann man sich Wohlstand und Glück für das kommende Jahr wünschen.

　はい。たとえば，北海道で２月に開催される「さっぽろ雪まつり」があります。1950 年に地元の人々が始めたこの行事は，今では世界各地のチームが参加して大雪像を作るようになり，雪像コンクールではそのみごとさを競い合います。また，酉の市は 11 月に関東を中心に行われますが，特に浅草の 鷲 （おおとり）神社が有名です。秋の収穫祭が発祥と言われていますが，近年では市で熊手や招き猫といった縁起物を買い，翌年の商売繁盛や幸運を願う祭りに変わっています。

単語 anziehen　引きつける / Schneeskulptur　囡雪像 / erschaffen　創造する / Schneeskulpturenwettbewerb　圐雪像コンクール / Glücksbringer　圐幸運のお守り / winken　手招きする / Wohlstand　圐裕福

D **Was ist *Bon Odori*?**

盆踊りってなんですか？

J Der *Bon Odori* ist ein Tanz, der hauptsächlich während der *Bon*-Periode (normalerweise vom 13. bis 15. August) aufgeführt wird. *Bon* oder *Obon* ist ein buddhistisches Fest zum Gedenken der Ahnen in Japan.

Der religiöse Charakter des *Bon* hat sich jedoch im Laufe der Zeit ver-
flüchtigt. Heute dient der Tanz der Stärkung des Gemeinschaftsgefühls.
Die Mitglieder einer Gemeinschaft, Jung und Alt, tanzen dabei gemeinsam im Kreis. Der berühmte Awaodori-Tanz in der Stadt Tokushima ist
der größte *Bon-Odori-*Tanz des Landes, und im August sind die Straßen
von Tokushima erfüllt von der Begeisterung der tanzenden Menschen.

　盆踊りは，特に盆の時期（一般には 8 月 13 日から 15 日）に行われる踊りのことで
す。日本の「盆」あるいは「お盆」は，祖先をしのぶ仏教の祭りです。しかし徐々に
その宗教性は薄れてきています。祭りでは，地域の人々が老いも若きも輪になって踊
り，コミュニティの結束を強める役割を果たすようになりました。有名な徳島市の阿
波踊りは，全国最大規模の盆踊りです。8 月の期間中，徳島の街は踊る人々の熱気に
包まれます。

> **単語**　im Laufe ...　〜の間に / verflüchtigen　消えてなくなる / Gemeinschaft　[女] コミュニティ

38 Geishas
芸者

D **Was ist die Aufgabe einer Geisha?**

芸者の仕事について教えてください。

J Geishas unterhalten die Gäste bei Banketten mit traditionellen japanischen Darbietungen. Sie sind Spezialisten in Gesang, Tanz und Schamisen. In Kyoto werden sie allgemein *Geiko* genannt. Geishas zeichnen sich durch ihre schönen Kimonos, ihre japanische Frisur und ihr weißes Make-up aus.

芸者は日本の伝統芸能で宴席を盛り上げます。彼女たちは，歌，舞踊，三味線のスペシャリストです。京都では芸妓という呼び方が一般的です。美しい着物に日本髪，白塗りメイクが芸者の特徴です。

単語 Bankett 中祝宴 / Darbietung 女演目 / sich auszeichnen 際立つ / Frisur 女髪形

D **Im Westen kennt man Japan seit jeher als das „Land des Fujiyama und der Geishas". Das stimmt doch, oder?**

かつて日本は，欧米で「フジヤマとゲイシャの国」だと言われていたこともあったんですよね？

J Ja, das stimmt. Das Wort „Geisha" selbst ist bekannt, aber seine Bedeutung wird nicht immer richtig verstanden. Eine Geisha ist zum Beispiel keine Prostituierte, sondern eine ausgebildete Entertainerin.

はい，そうです。ただ，「ゲイシャ」という単語自体は知られていますが，その意味

が正しく理解されていない場合もあるようです。一例を挙げると，芸者は売春婦ではなく，修練を積んだエンターテイナーです。

単語　Prostituierte　女売春婦 / ausgebildet　形教育を受けた

D Eine *Maiko* in Kyoto ist doch auch eine Geisha, oder?
京都の「舞妓」も芸者ですよね？

J Ja, in Kyoto nennt man eine junge Frau, die zur Geisha ausgebildet wird, *Maiko*. In der Kanto-Region heißt sie *Hangyoku*. Sie lebt in einem Haus namens *Okiya*, wo sie fünf oder sechs Jahre lang die traditionellen japanischen Künste und Umgangsformen gründlich erlernt. Nach erfolgreichem Abschluss der Ausbildung darf sie sich Geisha nennen. Das *Okiya* stellt sie an und entsendet sie an Bankette. Das Gebiet, in dem sich die Häuser der Geishas befinden, heißt *Hanamachi*. Es gibt sechs *Hanamachi* in Tokio und fünf in Kyoto, einschließlich Gion. Männliche Geishas, *Hokan* genannt, gibt es seit dem 18. Jahrhundert und sie sind immer noch als Unterhalter bei Banketten tätig, wenn auch in sehr geringer Zahl.

　はい。京都では，芸者になるための修行をしている若い女性のことを「舞妓」と呼びます。関東地方での呼称は「半玉」です。彼女たちは「置屋」と呼ばれる家に住み込み，そこで 5，6 年かけて日本の伝統的な芸事やマナーを徹底的に身につけます。修行期間を無事に終えると，「芸者」を名乗ることができるようになります。置屋は芸者を雇い入れ，抱えている芸者を宴席に差し向けます。置屋が集まっている地区を花街と呼びます。花街は東京に 6 つ，京都に 5 つあって，祇園もその一つです。「幇間」と呼ばれる男性芸者も 18 世紀頃から存在し，人数はごくわずかですが現在も宴席のエンターテイナーとして活躍しています。

単語　namens　〜という名の / Kunst　女芸 / entsenden　派遣する / tätig　形従事している

Wie ist die heutige Situation der Geishas und *Hanamachi*?

芸者と花街の現状について教えてください。

J Die Zahl der Menschen, die Geisha werden, nimmt von Jahr zu Jahr ab, und heute gibt es in ganz Japan nur noch wenige hundert Geishas. Auch die Zahl der Wohlhabenden, die die *Ryotei*-Restaurants besuchen, in denen die Geishas auftreten, nimmt ab. Die negativen Auswirkungen der Corona-Katastrophe sind ebenfalls nicht zu übersehen. Dennoch bemühen sich die Geishas, einen Weg zu finden, in Zukunft ihre traditionelle Kunst aktiver für den Tourismus zu vermarkten.

　芸者になる人の数は年々減っており，現在は日本全国で数百人程度の芸者がいるにすぎません。芸者が活動する場である料亭を利用する富裕層も減っていますし，コロナ禍の悪影響も無視できません。それでも芸者たちは，将来的に自分たちの伝統芸能を重要な観光資源としてより積極的に売り出すことに，活路を見いだそうと努力しています。

単語　wohlhabend 形裕福な / abnehmen 減る / in ganz Japan 日本中で / ebenfalls 同様に / übersehen 見落とす / vermarkten 市場に出す

39 Beliebte darstellende Künste

大衆芸能

D | **Welche Theaterformen sind in Japan populär?**

日本の大衆芸能にはどんなものがありますか？

J | Zwei repräsentative Beispiele sind *Rakugo* und *Manzai*. *Rakugo* ist eine Kunst des Geschichtenerzählens, die in der Mitte der Edo-Zeit entstand und eine über 300-jährige Geschichte hat. Sie beschäftigt sich mit komischen Geschichten und Geschichten von menschlichem Interesse. Um ein *Rakugo*-Darsteller zu werden, muss man eine strenge Ausbildung bei einem Meister absolvieren. Ein *Rakugo*-Darsteller spielt mehrere Rollen, die er nur mit Gesten und Handbewegungen ausführt. Als Requisiten benutzt er nur einen Fächer und ein *Tenugui*, eine Art Handtuch. Der Fächer kann zum Beispiel ein Paar Essstäbchen, eine Tabakspfeife oder ein Ruder sein, das *Tenugui* eine Brieftasche, ein Brief oder ein Buch.

　代表的なものとして落語と漫才があります。落語は江戸時代中期に成立した話芸で，300 年以上の歴史があります。扱うのは滑稽な話や人情話です。落語家になるには，師匠のもとで厳しい修行を積まなければなりません。落語家は身振りと手振りのみで 1 人で何役も演じ，使う小道具は扇子と手ぬぐいだけです。扇子は，たとえば箸や煙管や舟を漕ぐ櫓になり，手ぬぐいは，財布や手紙や本に見立てられます。

D | **Und was ist *Manzai*?**

漫才というのはどんなものですか？

J Im Gegensatz zum *Rakugo*, das von einer Person aufgeführt wird, wird das *Manzai* von zwei oder mehr Darstellern aufgeführt, die das Publikum mit komischen Gesten und Neckereien zum Lachen bringen. *Manzai* kann ein breites Spektrum an Themen behandeln, z. B. das Alltagsleben, die Popkultur, die Politik und die Wirtschaft der jeweiligen Zeit. Man kann sagen, dass es mehr Freiheit bietet als *Rakugo*. *Manzai* hat ebenfalls eine lange Geschichte und genießt seit dem *Manzai*-Boom in den 1980er Jahren immer größere Beliebtheit. TV-Varieté-Shows mit bekannten *Manzai*-Darstellern und Komikern sind auch heute noch beliebt.

１人で演じる落語と違って，２人以上の芸人が滑稽なしぐさや言葉の掛け合いで観客を笑わせるのが漫才です。そのときどきの日常生活，大衆文化，政治・経済など幅広い題材を取り上げることができ，落語より自由度が高いと言えましょう。漫才も長い歴史がありますが，1980年代に漫才ブームが起き，ファン層がさらに広がりました。おなじみの漫才師やお笑いタレントが中心になって活躍するテレビのバラエティー番組は，現在も人気です。

D Was ist eine *Yose*-Show? Gibt es sie noch?
「寄席」は今もありますか？

J Ja, es gibt sie noch. Leider sind es nicht mehr viele. Früher kamen mehr Menschen in die Veranstaltungssäle, die *Yose* heißen. Die *Yose* bieten nicht nur *Rakugo* und *Manzai*, sondern auch viele andere Unterhaltungsformen wie Zaubertricks und Akrobatik. Es ist schade, dass nur noch so wenige Menschen den direkten Kontakt mit der Ironie und Satire dieser Stücke im Theater erleben.

はい，わずかですがまだあります。以前は寄席と呼ばれる演芸場をもっと多くの人が訪れていました。寄席には落語や漫才だけでなく，奇術，曲芸など多彩な出し物があります。こうした大衆芸能が伝統的にもっている風刺や皮肉の精神を，寄席で直に楽しむ人が少なくなったのは，残念なことです。

40 Ikebana
生け花

D Wann entstand Ikebana?
生け花は，いつごろから始まったのでしょう？

J In Japan glaubte man schon immer an die Existenz einer Gottheit in der Natur, in Pflanzen und Bäumen. Mitte des 6. Jahrhunderts wurde der Buddhismus eingeführt und mit ihm der Brauch, Buddha Blumen zu opfern. In der Muromachi-Zeit (1336-1573) fand dieser Brauch Eingang in die Privathäuser. In den Empfangsräumen wurde eine *Tokonoma*-Nische eingerichtet, in der Schriftrollen und Blumen zur Begrüßung der Gäste aufgestellt wurden. Im 17. Jahrhundert war Ikebana nicht mehr nur der Oberschicht und der Samuraiklasse vorbehalten, sondern wurde zu einer weit verbreiteten Form der Etikette, die in das tägliche Leben integriert wurde.

もともと日本には，自然の草木の生命力の中に神の存在を見ようとする素朴な信仰がありました。6 世紀半ばには仏教が伝来し，仏に花を供える風習が入ってきました。室町時代（1336 〜 1573 年）になると，住居の客室に「床の間」がつくられるようになり，ここに掛け軸をかけ，花を飾って客人を迎えるようになりました。17 世紀には，生け花はそれまでの上流階級・武家階級のものから広く庶民のたしなみへと変化し，日常空間に取り入れられていきました。

 Existenz 女存在 / Gottheit 女神性 / Eingang finden in … 〜に受け入れられる / Empfangsraum 男応接間 / Oberschicht 女上流階級 / verbreiten 広める

D **Ich habe gehört, dass Ikebana in Japan hauptsächlich von Frauen praktiziert wird, ist das richtig?**

日本で生け花をたしなむのは主として女性だと聞きましたが？

J Das kann man so nicht sagen. Es stimmt, dass es in der Vergangenheit in Japan für junge Frauen Tradition war, Ikebana als Teil der Mädchenausbildung zu lernen. Aber heute sind einige Ikebana-Künstler Männer und einige Frauen, und das Geschlecht spielt keine Rolle.

そうは言えません。たしかにかつての日本では，女子教育の一環として若い女性が生け花を学ぶ伝統がありました。でも現在活躍している生け花アーティストは，男性もいれば女性もいて，性別は関係ありません。

単語 in der Vergangenheit　過去に / Geschlecht　中 性

D **Was ist der Unterschied zwischen dem traditionellen japanischen Ikebana und dem westlichen Blumenarrangement?**

日本の伝統的な生け花と西洋のフラワーアレンジメントはどこが違うのですか？

J Beim Ikebana werden im Allgemeinen so wenig Zweige, Blätter und Blumen der Saison, wie möglich verwendet. Es ist wichtig, eine Harmonie mit der Vase und dem Ort zu erreichen, an dem sie aufgestellt wird. Das japanische Ikebana ist dafür gedacht, aus einer Richtung betrachtet zu werden, während Blumenarrangements von allen Seiten betrachtet werden können. Deshalb wird eine Fülle von Blumen in verschiedenen Farben und Arten verwendet.

一般に生け花では，できるだけ少ない数のその季節の枝や葉や花を使って，花器や飾る場所との調和をはかることを重視します。日本の生け花は一方向から鑑賞するものですが，それに対してフラワーアレンジメントはすべての方向から鑑賞できるようになっているので，いろいろな色や種類の花をふんだんに用います。

単語 erreichen　達成する / aufstellen　配置する / betrachten　観察する

41 Die Teezeremonie

茶道

D Kann man als Anfänger trotz der vielen Regeln an einer Teezeremonie teilnehmen?

茶道にはルールがたくさんありますが，初心者でも参加できますか？

J Ja, das ist möglich. Es stimmt, dass es bei formellen Teezeremonien detaillierte Regeln gibt. Es gibt eine bestimmte Art zu sitzen und die Süßigkeiten zu essen. Wichtig ist auch, wie man die Teeschale hält und dreht und wie man den Tee trinkt. Jedes Verhalten hat seine eigene Bedeutung. Das kann ein bisschen anstrengend sein, aber es ist eine interessante Erfahrung, auch für Anfänger. Der Sinn der Teezeremonie liegt in der Bewirtung von Gästen, wie sie der Teemeister Sen no Rikyu propagierte. Er entwickelte im 16. Jahrhundert die „Rikyu Shichisoku", die sieben Regeln des Rikyu.

はい。たしかに正式な茶会では，茶室での座り方，茶菓子の食べ方，茶碗の持ち方や回し方，お茶の飲み方など細かく決まっていてちょっと面倒です。でもそれぞれの作法にはそれなりの意味があり，初心者でも面白い体験です。茶道の基本にあるのは，16世紀の茶人千利休が「利休七則」で唱えた，客人をいかにもてなすかという精神です。

D Die Teeräume sind klein und schlicht, nicht wahr?

茶室はかなり小さく，シンプルな造りですね？

Ja, das sind sie. Sen no Rikyu, der das *Wabicha* perfektionierte, liebte einen kompakten Teeraum mit nur viereinhalb Tatami-Matten. *Wabicha* ist eine Form der Teezeremonie, bei der Einfachheit und Ruhe im Vordergrund stehen. Die Gäste werden durch einen Garten mit Trittsteinen in eine außergewöhnliche Welt fernab des Alltags eingeladen. Der Gastgeber wählt im Voraus die hängenden Schriftrollen und Blumen für die Nische und die Teeutensilien für die Gäste aus. Die Wertschätzung dieser Elemente ist ebenfalls ein wichtiger Bestandteil der Teezeremonie, weshalb die Teezeremonie auch als echte Kunstform angesehen wird.

はい。「侘茶」を完成させた千利休は，四畳半しかないコンパクトな茶室を好みました。侘茶は，簡素で静寂な境地を重視する茶道の形式の一つです。客人は飛び石を配した庭を通って日常から離れ，非日常の世界に招き入れられます。床の間の掛け軸と花，茶器なども亭主が客人のためにあらかじめ選びます。これらを鑑賞することも茶会の大切な要素で，茶道は総合芸術と言われるゆえんです。

単語 viereinhalb 形4と2分の1の / Ruhe 女静けさ / im Vordergrund stehen なによりも重要である / Trittstein 男飛び石 / im Voraus あらかじめ / Wertschätzung 女高い評価 / Bestandteil 男要素 / ansehen みなす

D Wo kann man die Teezeremonie erlernen?

茶道はどこで学べるのでしょう？

Die Teezeremonie kann man in Teezeremoniekursen oder Kulturzentren in der Stadt erlernen. Leider nimmt die Zahl der Menschen, die sich für die Teezeremonie interessieren, ab. Matcha, pulverisierter grüner Tee, der in der Teezeremonie verwendet wird, hat jedoch in den letzten Jahren einen internationalen Boom erlebt. Auch Süßwaren aus Matcha erfreuen sich großer Beliebtheit.

町の茶道教室やカルチャーセンターで学べます。残念なことに茶道に関心がある人の数は減少しています。しかし茶道に用いられる「抹茶」は，近年では国際的に注目されていますし，抹茶スイーツも人気があります。

単語 pulverisieren 粉末にする / sich großer Beliebtheit erfreuen 大変人気がある

42 Nationalschätze

国宝

D **Welche Nationalschätze gibt es?**

どんな国宝がありますか？

J Japan besitzt viele materielle Kulturgüter mit einem hohen historischen, künstlerischen oder wissenschaftlichen Wert. Darunter werden
die bedeutendsten Kulturgüter von der Regierung zum Nationalschatz,
auf Japanisch *Kokuho*, ernannt. Derzeit gibt es in Japan mehr als 1.100
Nationalschätze. Zu denen zählen Gebäude, Gemälde, Skulpturen,
Kunsthandwerke und alte Dokumente.

　日本にはすぐれた歴史的，美術的，学術的価値がある有形文化財がたくさんありま
す。その中で最も価値の高いものが「国宝」に指定されます。現在は 1100 件を超え
る国宝があり，建造物，絵画，彫刻，工芸品，古文書などがあります。

単語 besitzen　所有している / materielles Kulturgut　有形文化財 / Nationalschatz　[男]国宝

D **Wo kann ich die Nationalschätze besichtigen?**

どこへ行ったら国宝を見られるでしょう？

J Wie wäre es zum Beispiel mit einem Besuch des Kofukuji-Tempels in
Nara? Der Tempel ist bekannt dafür, dass es dort mehrere buddhistischen Statuen und Gebäude gibt, die als *Kokuho* anerkannt sind. Auch
die Burgen sind einen Besuch wert. Die Burg Himeji in der Präfektur
Hyogo, die Burg Hikone in Shiga, die Burg Matsumoto in Nagano, die

Burg Inuyama in Aichi und die Burg Matsue in Shimane sind National-schätze. Der Turm der Burg Himeji ist der größte dieser Burgen und die Burg wird wegen ihrer schönen weiß verputzten Wände *Shirasagijo*, die Burg der weißen Reiher, genannt.

たとえば奈良の興福寺を訪れてみてはどうでしょうか。この寺は，国宝に指定されている多数の仏像と建造物があることで有名です。城めぐりも楽しいですよ。国宝に指定されている城は，兵庫県の姫路城，滋賀県の彦根城，長野県の松本城，愛知県の犬山城，島根県の松江城です。姫路城の天守閣は，その中でも最も大きく，城壁が白漆喰で塗られていて，その美しい姿から「白鷺城」と呼ばれています。

単語 Statue 女彫像 / Burg 女城 / Reiher 男サギ

D | **Erzählen Sie uns etwas über lebende Nationalschätze.**
人間国宝について教えてください。

J | Lebende Nationalschätze sind in der Regel Personen, die von der Regierung zu wichtigen immateriellen Kulturgütern ernannt wurden. Sie alle haben große Leistungen in den darstellenden Künsten (Kabuki, *No-Theater*, Musik, Tanz usw.) und im Kunsthandwerk (Keramik, Färberei und Weberei, Lackwaren, Metallarbeiten usw.) erbracht.

人間国宝とは，国から重要無形文化財に認定された人を指す呼称です。いずれも芸能（歌舞伎，能楽，音楽，舞踊など）と工芸技術（陶芸，染織，漆芸，金工など）の分野ですぐれた業績をあげている人々です。

単語 ernennen 指名する / Leistung 女業績 / erbringen もたらす

43 Budo

武道

D | Was ist Budo?

武道とは何ですか？

J Budo ist der Oberbegriff für die traditionellen japanischen Kampfsportarten Judo, Kendo, Kyudo, Karate, Aikido und Sumo. Das Wort „Budo" bezieht sich ursprünglich auf den Ehrenkodex der Samurai, wird heute aber als rein sportliche Aktivität verstanden. Es gibt viele verschiedene Gründe, mit Budo zu beginnen. Viele Menschen gehen in ein Dojo, um Selbstverteidigungstechniken zu erlernen.

武道とは，柔道，剣道，弓道，空手，合気道，相撲といった日本の伝統的武芸の総合的名称です。「武道」という語は，日本語で侍の倫理的規範も意味しますが，今日では純粋なスポーツとしても普及しています。武道に取り組む動機もさまざまです。護身術を習得するために道場に通う人も少なくありません。

単語 Oberbegriff 男 上位概念 / Kampfsportart 女 格闘技の種類 / Ehrenkodex 男 作法 / Selbstverteidigungstechnik 女 護身術　**参照** → 44. 相撲

D | Wird Kampfsport in den Schulen unterrichtet?

武道は学校でも教えていますか？

J Ja, Kampfkunst wird schon seit langer Zeit an Schulen unterrichtet. Nach dem Zweiten Weltkrieg wurde er für einige Zeit ausgesetzt, aber seit den 1950er Jahren wieder in den Lehrplan aufgenommen. Heute sind Kampfsportarten sowohl für Jungen als auch für Mädchen obligatorischer Bestandteil des Sportunterrichts in der Mittelschule.

はい。武道は以前から学校でも教えていました。第二次世界大戦後，一時期中断されましたが，1950年代に入り，また学校の授業に取り入れられるようになりました。現在は中学校の保健体育科で男女ともに武道が必修になっています。

単語 aussetzen　中断する / Lehrplan　男カリキュラム / obligatorisch　形必修の

D Es gibt doch auch in vielen anderen Ländern Kampfsportler, oder?

ほかの国にも武道の競技人口はいるのでしょうか？

J Natürlich. Beim Judo zum Beispiel soll es in Brasilien und Frankreich mehr Sportler geben als in Japan. Judo ist seit den Olympischen Spielen 1964 in Tokio eine offizielle Sportart. In den letzten Jahren gingen viele Goldmedaillen nicht nur nach Japan, sondern auch an viele andere Länder. Frauenjudo wurde aber erst 1992 zugelassen. Karate wurde bei den Olympischen Spielen 2020 in Tokio erstmals als offizielle Sportart anerkannt.

はい，います。たとえば柔道ですが，ブラジルやフランスのほうが日本より競技人口が多いと言われています。柔道は，すでに1964年の東京五輪から公式種目になっています。近年では，日本の選手だけではなく諸外国の柔道選手が金メダルを獲得しています。女子柔道は1992年になってからようやく採用されました。空手は，東京オリンピック2020で初めて公式種目になりました。

単語 die Olympischen Spiele　オリンピック競技大会 / Goldmedaille　女金メダル

44 Sumo

相撲

D Was ist die Geschichte von Sumo?

相撲にはどんな歴史があるのでしょう？

J Sumo ist ein traditioneller Kampfsport, der seit der Antike ausgeübt wird und als Nationalsport Japans gilt. Seine heutige Form erhielt es in der Edo-Zeit. Seitdem gibt es professionelle Ringer und Sumo wurde zu einem beliebten Zeitvertreib für die breite Öffentlichkeit. Die Sumo-Arena, die durch Aufschütten von Erde entsteht, wird *Dohyo*, Ring, genannt. Der Ring gilt als heilig, und die Ringer reinigen ihn, indem sie ihn vor jedem Kampf mit Salz bestreuen. Sumo war auch ein Ritual, um die Erde zu reinigen, den Frieden zu bewahren und für eine gute Ernte zu beten. Die Tradition, dass Frauen den Ring nicht betreten dürfen, ist jedoch umstritten und wird von manchen in Frage gestellt. Die Zahl der Amateurringerinnen nimmt weltweit allmählich zu.

相撲は古代から行われている伝統的な格闘技で，日本の国技と言われています。今のような形になったのは江戸時代で，この時期にプロの力士が生まれ，相撲は一般庶民の娯楽として非常に愛されるようになりました。土を盛って作る相撲の競技場を土俵と呼びます。土俵は神聖視され，力士は立ち会いの前に塩を撒いて土俵を清めます。相撲は大地を清め，平安を保ち，豊作を祈願するという神事でもありました。ただ，「土俵では女人禁制」という伝統については，これを疑問視する声が上がっており，論議を呼んでいます。なお，アマチュア女子相撲の競技人口は，世界規模で徐々に増えています。

単語 erhalten 手に入れる / Zeitvertreib 男気晴らし / heilig 形神聖な

Welche Regeln gelten beim Sumo?

相撲のルールを教えてください。

J Im Einzelkampf hat derjenige verloren, dessen Körper zuerst den Boden berührt oder den Ring verlässt. Der Ring hat einen Durchmesser von 4,55 Metern. Insgesamt gibt es 82 Techniken, mit denen man den Kampf gewinnen kann. Es gibt sechs Sumo-Turniere pro Jahr, die jeweils 15 Tage dauern und in Tokio, Nagoya, Osaka und Fukuoka stattfinden.

　1対1で取っ組み合って，先に体が地面につくか，土俵から体が出たほうが負けになります。土俵の直径は 4.55 メートルです。決まり手は全部で 82 手あります。相撲興行は年間 6 場所あり，1 場所は 15 日間で，東京，名古屋，大阪，福岡で順番に開催されます。

D **Ich habe gehört, dass auch ausländische Ringer sehr erfolgreich sind, stimmt das?**

外国人力士も大活躍していると聞きましたが。

J Ja, das stimmt. Alle Ringer gehören einem der über 40 „Sumo-Beya" an und leben wie eine Familie zusammen. Es gibt auch viele Ställe, denen ausländische Ringer angehören. Seit langem sind Spitzenringer aus der Mongolei, den USA, vor allem aus Hawaii, und Osteuropa aktiv. Einige ausländische Ringer betreuen, auch nach ihrem Rücktritt aus dem aktiven Sport, als Stallmeister ihre Nachfolger. Einer von ihnen ist Hakuho aus der Mongolei, der 14 Jahre lang ein Sumo-Großmeister, *Yokozuna*, war.

　はい。すべての力士は 40 以上ある「相撲部屋」のいずれかに所属し，家族のように共同生活をしています。外国人力士が所属している部屋も少なくありません。これまでもモンゴル，アメリカ合衆国（ハワイ），東欧出身の上位力士が活躍してきました。引退後も親方として後進の指導に当たっている外国人力士もいます。その 1 人が，モンゴル出身で 14 年間も横綱をつとめた白鵬です。

45 Schreine und Tempel
神社と寺

D **Was ist der Unterschied zwischen einem Schrein und einem Tempel?**

神社と寺の違いは？

J Ein Schrein ist eine den Shinto-Gottheiten gewidmete Einrichtung, die durch ein *Torii*-Tor am Eingang gekennzeichnet ist. Vor einem Tempel stehen ein Paar Statuen von Wachhunden. Tempel sind religiöse Stätten des Buddhismus. Der Eingang des Tempels wird *Sanmon* genannt und auf beiden Seiten befinden sich Schutzgottheiten, die *Nio* genannt werden.

神社は神道の神々を祀る施設で，入口に「鳥居」という門があるのが特徴です。また，神殿の前に一対の狛犬の像があります。寺は仏教のための宗教施設です。寺の入口は「山門」といい，左右に「仁王」という守護神が安置されています。

単語 widmen　ささげる / Einrichtung　[女]施設 / kennzeichnen　特徴づける

D **Wann besuchen Japaner Schreine und Tempel?**

日本人はどんなときに神社や寺に行くのですか？

J Obwohl die meisten Japaner nicht besonders gläubig sind, besuchen sie relativ häufig Schreine. Es ist zum Beispiel üblich, Schreine zu besuchen, um für die Sicherheit der Familie, den Erfolg eines Geschäfts, eine gesunde Geburt oder das Bestehen einer Aufnahmeprüfung zu beten.

Eine weitere wichtige Zeremonie ist *Shichigosan*. Dabei besuchen Mädchen im Alter von 3 und 7 Jahren und Jungen im Alter von 5 Jahren mit ihren Eltern einen Schrein. Die Kinder tragen oft einen Kimono und die Eltern beten für die Gesundheit, Sicherheit und das Glück ihrer Kinder. Tempel werden häufig für Beerdigungen und Gedenkfeiern besucht. Auch zu Neujahr besuchen viele Menschen Schreine und Tempel, um für ein sicheres und friedliches neues Jahr zu beten. Vor dem Besuch eines Schreins oder Tempels werden Hände und Mund mit Wasser gewaschen, um sich zu reinigen. Im Tempel oder Schrein wirft man Geld in einen Kasten vor dem Altar und verbeugt sich.

特に熱心な信者でなくても，家内安全や商売繁盛，安産，入学試験合格などを祈願するために神社を訪れることはよくあります。七五三も重要な儀式です。通常，女の子は３歳と７歳，男の子は５歳になった年に両親と神社に行きます。子どもはよく着物を着て，両親は子の健康，安全，幸運を祈願します。寺は葬儀や法事のために訪れることがしばしばあります。また新年には，一年の無事と平安を祈願するために多くの人が神社や寺を参拝する風習があります。神社や寺では，参拝の前に身を清めるために，水で手や口をすすぎ，祭壇の前の賽銭箱に賽銭を入れ，お辞儀をします。

単語 gläubig 形信心深い / Erfolg 男成功 / Aufnahmeprüfung 女入学試験 / werfen 投げる / sich verbeugen おじぎをする

D Ausländische Touristen scheinen nicht viele Gelegenheiten zu haben, Schreine zu besuchen, oder?

外国人観光客にはあまり神社に行く機会がなさそうですね。

J Das stimmt nicht. Die Anlage ist im Prinzip jederzeit zugänglich. Es lohnt sich also, einen Rundgang zu machen. Während der Sommerfeste ist der Schrein von zahlreichen Ständen gesäumt. Manchmal gibt es auch Theateraufführungen, und je nach Jahreszeit kann man sich ein *No*-Spiel am Lagerfeuer namens *Takigino* ansehen. In den letzten Jahren wurde die Anziehungskraft von *Takigino* wiederentdeckt und die Aufführungen finden im ganzen Land statt. Zu den beliebtesten Veranstaltungsorten gehören der Toshogu-Schrein in Nikko, der Meiji-Jingu-Schrein in To-kio, der Ise-Jingu-Schrein in Mie und der Shitennoji-Tempel in Osaka, wo Gagaku, die klassische japanische Hofmusik mit einer über 1200-jährigen Geschichte, aufgeführt wird.

　そんなことはありませんよ。境内には基本的にいつでも入れますので，散歩するのもいいでしょう。夏祭りなどでは，たくさんの屋台が並びます。芝居をやっていることもありますし，季節によっては薪能を鑑賞できます。近年，薪能はその魅力が再発見され，全国各地で催されるようになりました。日光の東照宮，東京の明治神宮，三重の伊勢神宮，大阪の四天王寺などでは，1200 年以上の歴史を持つ古典音楽の雅楽を鑑賞する催しもあります。

単語　Anlage　囡施設 / im Prinzip　原則的に / zugänglich　厖出入りのできる / sich lohnen ～するに値する / einen Rundgang machen　一巡する / säumen　縁に並ぶ / Lagerfeuer 中キャンプファイア / Anziehungskraft　囡魅力 / Veranstaltungsort　男開催地 / klassische japanische Hofmusik　雅楽　参照 →34. 能・狂言

46 Religion
宗教

D **Welche Religionen sind in Japan verbreitet?**

日本にはどんな宗教がありますか？

J Trotz großer Unterschiede je nach Methode und Fragestellung der Umfragen sind der Buddhismus und der Shintoismus die am weitesten verbreiteten Religionen in Japan. Das Christentum macht nur etwa 1% aus. Die meisten Befragten geben jedoch an, keiner Religion anzugehören.

　調査の仕方や設問によって差異が大きいのですが，信じる宗教として仏教と神道を挙げる人がもっとも多く，キリスト教は 1% 程度です。けれども一番多いのは，特段信じている宗教がないという回答です。

D **Heißt das, dass die Japaner keine religiösen Überzeugungen haben?**

日本人には宗教心というものがないのでしょうか？

J Nicht ganz. Religiöse Praktiken sind tief im Alltag verwurzelt. Viele Menschen haben zum Beispiel zu Hause einen kleinen Shinto-Schrein oder einen buddhistischen Altar, an dem sie jeden Tag beten. Für viele ist es auch üblich, sich zu verbeugen, wenn sie am *Torii*-Tor eines Schreins vorbeigehen. Auch die Verehrung der aufgehenden Sonne hat eine lange Tradition.

そうとも言えません。日常生活に宗教的な行為は深く根づいています。家にある小さな神棚や仏壇を毎日拝んだり，神社の鳥居の前を通り過ぎるときに一礼したり，ご来光を拝んだりといった行為は伝統として受け継がれています。

単語 verwurzeln 根づく / Altar 男 祭壇 / an ... vorbeigehen ～のそばを通り過ぎる

D

Es gibt also nur wenige Christen in Japan?

日本ではキリスト教徒はごく少数なのですね？

J Ja, die Zahl der Christen, die jede Woche in die Kirche gehen, ist gering. Aber Weihnachtsfeiern zum Beispiel sind weit verbreitet, und christliche Hochzeiten sind sehr beliebt. Große Hotels mit Hochzeitssälen haben sogar eigene Kapellen. Beerdigungen dagegen sind oft buddhistisch. Diese Toleranz oder vielleicht auch Gleichgültigkeit gegenüber der Religion ist sehr typisch für das heutige Japan.

はい，毎週教会に通うキリスト教徒の数は少ないです。でも，たとえばクリスマスの行事は広く普及していますし，結婚式はキリスト教式が人気です。結婚式場がある大きなホテルは，専用のチャペルを併設しているほどです。ところが，お葬式は仏式の場合が多いです。こうした宗教に対する寛容さ，あるいは無頓着さは，今日の日本の一面と言えるかもしれません。

単語 Toleranz 女 寛大 / Gleichgültigkeit 女 無関心 / typisch 形 典型的な

D

Heute kommen immer mehr Menschen verschiedener Religionen nach Japan, nicht wahr?

このごろは，さまざまな宗教の人が日本を訪れる機会が増えていますね？

J Ja, das stimmt. Da immer mehr Menschen international reisen, verstehen Japaner die religiöse Vielfalt viel besser. So wurden zum Beispiel in Flughäfen und Einkaufszentren Gebetsräume für Muslime eingerichtet. Auch Halal-Lebensmittel, die den islamischen Vorschriften entsprechen, und koschere Lebensmittel für Juden sind immer häufiger erhältlich.

　そうですね。国際間の行き来が盛んになって，宗教の多様性に対する日本人の理解も深まりつつあります。たとえば空港やショッピングモールなどにイスラム教徒（ムスリム）のための祈祷室が設置されるようになってきました。またイスラム教の戒律に沿ったハラルフード，ユダヤ教徒のためのコーシャフードも入手しやすくなりました。

`単語` Vielfalt ［女］多様性 / Einkaufszentrum ［中］ショッピングセンター / Vorschrift ［女］規則 /
entsprechen　合致する

47 Buddhistische Kunst
仏教美術

D **Welche Formen buddhistischer Kunst gibt es in Japan?**
日本にはどんな仏教美術がありますか？

J Zu den einzigartigen Formen buddhistischer Kunst gehören Tempel, Pagoden und andere Gebäude, buddhistische Skulpturen, buddhistische Gemälde und andere Werke, die in buddhistischen Ritualen verwendet werden.

仏教独自の造形美術には，寺院や塔などの建造物，仏像彫刻，仏教絵画，そのほか仏教の儀式に用いられる法具などの工芸品があります。

単語　Pagode 女仏塔 / Gemälde 中絵画 / Werk 中作品 / Ritual 中儀式

D **Was sind Beispiele für Tempelarchitektur?**
寺院建築にはどのようなものがありますか？

J Der Horyuji-Tempel in Nara wurde im frühen 7. Jahrhundert erbaut und ist das älteste erhaltene Holzgebäude der Welt. In Kyoto ist zum Beispiel der Kiyomizudera-Tempel einen Besuch wert. Von der berühmten „Kiyomizu-no-butai", der Kiyomizu-Bühne, hat man zu jeder Jahreszeit einen herrlichen Ausblick. Kinkakuji-Tempel und Ginkakuji-Tempel sind zwei sehr bedeutende Gebäude aus der Muromachi-Zeit. Im Vergleich zum vergoldeten und glitzernden Kinkakuji zeichnet sich der Ginkakuji durch seine schlichte Schönheit aus, die den Einfluss der „*Wabi-*

Sabi"-Ästhetik zeigt.

　奈良の法隆寺は 7 世紀初めに建立された寺で，境内には現存する世界最古の木造建築群があります。京都ではたとえば清水寺がおすすめです。有名な「清水の舞台」から四季折々のすばらしい景色を楽しめます。金閣寺と銀閣寺は，いずれも室町時代の非常に重要な建造物です。金箔で覆われてきらびやかな金閣寺と比べ，銀閣寺は「わびさび」の美意識の影響が見られる，簡素な美が特徴です。

単語 früh 形初期の / erbauen 建てる / wert 形価値のある / Ausblick 男眺め / glitzern きらきら光る / schlicht 形質素な

D Welche Arten von buddhistischen Statuen gibt es?

仏像にはどんなものがありますか？

J In den Tempeln und Museen kann man buddhistische Statuen im Stil der jeweiligen Epoche bewundern, aber auch solche, die mit der Ankunft des Buddhismus aus China und Korea kamen. Die gigantische Statue des Großen Buddha im Todaiji-Tempel in Nara wurde 752 fertiggestellt und ist 15 Meter hoch. Berühmt ist auch der Große Buddha von Kamakura, der 50 km von Tokio entfernt steht. Der Bau begann um 1252 und die Statue ist 11,31 Meter hoch. Kamakura war während der Kamakura-Zeit (1185-1333) Sitz des Shogunats. Daher kann man hier viele historische Tempel besichtigen, darunter Hasedera-Tempel und Engaku-ji-Tempel.

　寺院や博物館では，各時代の様式でつくられた仏像や，仏教の伝来とともに中国や朝鮮からもたらされた仏像を見ることができます。752 年に完成した奈良の東大寺の大仏は，像高が 15 メートルもあります。東京から約 50 キロ離れた鎌倉市にある鎌倉大仏も有名です。建立が開始されたのは 1252 年頃で，高さは 11.31 メートルです。ちなみに，鎌倉は鎌倉時代（1185 〜 1333 年）に幕府が置かれていた場所です。長谷寺や円覚寺など，数多くの歴史ある寺を見学することができます。

単語 fertigstellen 完成する / besichtigen 見学する

Welche buddhistischen Malereien gibt es?

仏教絵画にはどんなものがありますか？

J Die bedeutendsten buddhistischen Wandmalereien Japans befinden sich in der Goldenen Halle des Horyuji in Nara. Sie zeigen buddhistische Heilige. Leider hat ein Feuer die leuchtenden Farben stark beschädigt. Das berühmte Mandala der zwei Reiche befindet sich im Toji-Tempel in Kyoto. Mandalas sind Bilder, die den Zustand der Erleuchtung und die Lehren Buddhas auf leicht verständliche Weise darstellen, insbesondere im esoterischen Buddhismus.

　日本で最も重要な仏教壁画は奈良の法隆寺金堂にあります。仏教の聖者を描いたものですが，火災のために鮮やかだった彩色が著しく損なわれてしまいました。京都の東寺には有名な両界曼荼羅図があります。曼荼羅は，特に密教で悟りの境地や仏の教えをわかりやすく描いた絵のことです。

単語 Wandmalerei 囡壁画 / leuchtend 形鮮やかな / beschädigen 損傷を与える / Reich 中（特定の）世界 / Zustand 男状態 / Erleuchtung 囡インスピレーション / auf leicht verständliche Weise わかりやすい方法で

48 Museen

美術館

D **Wie viele Museen gibt es in Japan?**

日本にはどのくらいの数の美術館があるのですか？

J Die Museen in Japan, auch „Hakubutsukan" genannt, sind in drei Kategorien unterteilt: Geschichtsmuseen, Kunstmuseen und Heimatkundemuseen. Laut einer Statistik aus dem Jahr 2018 gibt es derzeit 1.069 Kunstmuseen in Japan.

日本で「博物館」または「ミュージアム」と総称されている施設には，歴史館，美術館，郷土館といったジャンルがあります。そのうちの美術館は，2018年の調査によれば1069館です。

単語　Geschichtsmuseum　[中]歴史博物館 / Kunstmuseum　[中]美術館 / Heimatkundemuseum　[中]郷土美術館

D **Soweit ich weiß, gibt es in Japan auch viele interessante private Museen.**

日本には興味深い私立の美術館もたくさんあるそうですね。

J Das stimmt. Es gibt so viele faszinierende Museen, dass wir leider nicht alle vorstellen können. Das Nezu Museum liegt im Zentrum von Tokio und beherbergt eine Sammlung japanischer und orientalischer Antiquitäten. Das ruhige Innere des Museums steht in starkem Kontrast zu seiner hochmodernen Umgebung. Das Hakone-Freilichtmuseum im bekannten Ferienort Hakone bietet eine große Auswahl an Skulpturen. Das Ohara Museum of Art befindet sich in der historischen Stadt Kurashiki in der Präfektur Okayama. Die schöne Altstadt ist ebenfalls einen Besuch wert. Das Adachi Museum of Art in der Präfektur Shimane hat einen japanischen Garten, der von einer amerikanischen Fachzeitschrift fast 20 Jahre in Folge zum besten Garten Japans gewählt wurde. Empfehlenswert sind auch das Sandmuseum in den Sanddünen von Tottori und das Chichu-Kunstmuseum auf der Insel Naoshima in der Seto-Binnensee.

　はい，魅力的な美術館がたくさんあって，残念ながら全部紹介することはできません。東京にある「根津美術館」は，日本，東洋の古美術のコレクションを誇る美術館です。館内の静寂と超モダンな周辺の環境とのコントラストが印象的です。有名な保養地の箱根にある「彫刻の森美術館」では，多種多彩な彫刻作品を鑑賞できます。「大原美術館」は歴史的な町，岡山県の倉敷にあります。美しい昔ながらの町並みも一見の価値があります。島根県の「足立美術館」には，アメリカの専門雑誌ランキングで，庭園日本一に約 20 年にわたって連続して選ばれている日本庭園があります。鳥取砂丘にある「砂の美術館」，瀬戸内海の直島にある「地中美術館」もおすすめです。

 vorstellen　紹介する / beherbergen　収蔵する / Sammlung　囡コレクション / Antiquität 囡古美術品 / Freilichtmuseum　囯野外美術館 / Fachzeitschrift　囡専門誌 / in Folge 続けて / empfehlenswert　圏推薦に値する / Sanddüne　囡砂丘

D　Haben Sie weitere Tipps?
ほかにもなにかアドバイスがありますか？

J　Ähnlich wie die Museumsinsel in Berlin hat auch Tokio eine Reihe von Museen in Ueno und Roppongi. Hier kann man viele faszinierende Museen auf einmal besuchen. Es gibt Museumsshops, in denen man nicht nur Kataloge, sondern auch Bücher, Souvenirs und Originalwaren kaufen kann.

ベルリンの「博物館島」と同じように，東京では上野や六本木に複数のミュージアムが集まっています。ここへ行けば，魅力的な多くの美術館を効率的に回れます。ミュージアムショップでは，図録だけでなく，書籍やおみやげ，オリジナルグッズなどが買えます。

単語 eine Reihe von　かなりの数の / auf einmal　一度に / Originalware　[女]オリジナルグッズ

49 Film
映画

D **Ist Akira Kurosawa der berühmteste japanische Regisseur?**

日本人の映画監督で一番有名なのは黒澤明監督じゃないでしょうか？

J Wahrscheinlich ja. Kurosawa ist einer der wichtigsten japanischen Filmregisseure der Nachkriegszeit. Seine Filme „Rashomon" (1950), „Kagemusha" (1980) und „Ran" (1985) sind auch im Ausland bekannt. Der amerikanische Westernklassiker „Die glorreichen Sieben" (1960) ist ein Remake von Kurosawas „Die sieben Samurai" (1954).

そう言えるかもしれませんね。黒澤監督は第二次世界大戦後の日本映画を代表する監督の一人です。『羅生門』（1950 年），『影武者』（1980 年），『乱』（1985 年）などが海外でも広く知られています。アメリカの西部劇映画の名作『荒野の七人』（1960 年）は，黒澤の『七人の侍』（1954 年）をリメイクしたものです。

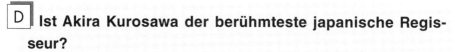

単語 Filmregisseur 男 映画監督 / Nachkriegszeit 女 戦後

D **Gibt es noch andere bekannte japanische Filme?**

ほかに人気のある日本映画はありますか？

J Die Zeichentrickserien „die Biene Maja", und „Heidi" wurden in den 1970er Jahren in Deutschland ausgestrahlt und waren sehr beliebt. Ich war sehr überrascht, als ich erfuhr, dass die Zeichentrickfilme in Japan produziert wurden, da sie auf einer deutschen und einer schweizer Geschichte basieren. Man sagt auch, dass der deutsche Regisseur Wim Wenders von Yasujiro Ozu beeinflusst wurde. Ozu ist bekannt für sein Familiendrama „Tokyo Story" aus dem Jahr 1953.

テレビアニメ『みつばちマーヤ』と『アルプスの少女ハイジ』は 1970 年代にドイツで放映され，大人気でした。原作はドイツとスイスの物語なので，日本で制作されたアニメと知ったときにはとても驚きました。また，家族をテーマにした『東京物語』（1953 年）で知られる小津安二郎監督は，ドイツの映画監督ヴィム・ヴェンダースに影響を与えたと言われています。

単語 Zeichentrickserie 囡アニメシリーズ / Zeichentrickfilm 圐アニメーション映画

D Gibt es in Japan schon lange Zeichentrickfilme?
日本には以前からアニメ作品があったんですか？

J Der japanische Animationsfilm hat eine relativ lange Geschichte. Sie begann in den 1960er Jahren, als Osamu Tezuka den Manga „Astro Boy" als Zeichentrickfilm adaptierte. Es folgten eine Reihe von Theateranimationsfilmen, die große Erfolge feierten, und auch heute noch spielen Animationsfilme eine wichtige Rolle in der japanischen Filmindustrie. Hayao Miyazakis „Spirited Away" (2001) gewann den Goldenen Bären der Internationalen Filmfestspiele Berlin und den Oscar für den besten animierten Spielfilm.

日本のアニメ作品には比較的長い歴史があるんです。1960 年代に手塚治虫のマンガ『鉄腕アトム』がアニメ化され，日本のテレビアニメの時代が始まりました。その後，劇場用のアニメ映画も次々にヒットし，いまだにアニメ映画は日本の映画産業を牽引する役目を担っています。宮崎駿監督の『千と千尋の神隠し』（2001 年）はベルリン国際映画祭の金熊賞と，アカデミー長編アニメ映画賞を受賞しています。

単語 adaptieren 脚色する / Filmindustrie 囡映画産業 / Spielfilm 圐劇映画

D Was sind die neuesten Trends im japanischen Kino?

最近の日本映画の動向も教えてください。

J Japanische Filme werden häufig auf internationalen Filmfestivals ausgezeichnet. Neben Akira Kurosawa haben auch die Regisseure Shohei
Imamura und Takeshi Kitano und andere die wichtigsten Preise gewonnen. Seit Beginn dieses Jahrhunderts wurden Hirokazu Koreedas „Shop-
lifters" (2018) mit der Goldenen Palme der Filmfestspiele von Cannes
und Ryusuke Hamaguchis „Drive My Car" (2021) mit dem Academy
Award für den besten internationalen Spielfilm ausgezeichnet. In Japan
werden nicht nur Kinokomplexe, Minikinos und andere Kinotypen,
sondern auch Streamingdienste immer beliebter. Die Möglichkeiten, Filme zu sehen, werden immer vielfältiger. Es ist zu hoffen, dass dieser
Trend zur weiteren Entwicklung der Filmindustrie beitragen wird.

日本映画はしばしば世界の映画祭でも受賞しています。黒澤明監督以外にも今村昌
平監督，北野武監督などが最高賞を受賞しています。今世紀に入ってからは，カンヌ
国際映画祭パルム・ドール賞を受賞した是枝裕和監督の『万引き家族』（2018 年），
アカデミー賞国際長編映画賞を受賞した濱口竜介監督の『ドライブ・マイ・カー』
（2021 年）などがあります。日本ではシネマコンプレックス，ミニシアターなどの各種
映画館ばかりでなく，動画配信サービスも普及してきて，映画の視聴方法は多様化し
ています。こうした傾向が，映画産業のさらなる発展に貢献してくれるように願ってい
ます。

単語 Preis gewinnen　賞を獲得する / Trend　男 傾向

50 Literatur

文学

D **Wann entstand die japanische Literatur?**

日本の文学が誕生したのはいつごろですか？

J Das „Kojiki", das älteste Geschichtsbuch Japans, stammt aus dem Jahr 712. Das „Manyoshu", die älteste erhaltene Sammlung von Waka-Gedichten, enthält 4.500 Gedichte aus dem späten 7. bis späten 8. Jahrhundert. Die Autoren stammten aus allen Gesellschaftsschichten, vom Kaiser bis zum Bauern. Die „Genji-Monogatari" der Hofdame Murasaki Shikibu wurden im frühen 11. Jahrhundert geschrieben. Der grandiose Liebesroman wurde in mehrere Sprachen übersetzt und genießt weltweit hohes Ansehen.

　日本最古の歴史書とされている『古事記』が成立したのは 712 年です。現存する最古の和歌集『万葉集』は，7 世紀後半から 8 世紀半頃までの，天皇から農民までさまざまな階層の作者の歌が 4500 首も収められています。宮中の女官，紫式部の『源氏物語』は，11 世紀初めに書かれました。この壮大な恋愛小説は，いくつもの言語に翻訳されて世界的に高い評価を受けています。

単語 Geschichtsbuch 中歴史書 / aus ... stammen 〜に由来する / Sammlung 女選集 / Gedicht 中詩 / hohes Ansehen genießen 高い評判を得ている

D **Ich habe gehört, dass es ein japanisches Gedicht gibt, das Haiku genannt wird. Was ist das?**

「俳句」という日本の詩があるそうですね。

J Haiku ist eine traditionelle japanische Gedichtform, die die Schönheit der Natur und menschliche Gefühle in nur 17 Silben ausdrückt. Bekannt ist die Haiku-Sammlung „Okunohosomichi" von Matsuo Basho aus dem 17. Jahrhundert. Auch heute noch schreiben viele Menschen gerne Haiku. Das Haiku gilt als eine der kürzesten Gedichtformen der Welt und hat weltweit viele Liebhaber.

俳句は，たった17音で自然の美しさや人の心情を表現する日本の伝統的な詩形で，17世紀の松尾芭蕉の句集『奥の細道』が有名です。現代でも俳句づくりをたしなむ人はたくさんいます。俳句は世界で一番短い詩の形式のひとつとして知られ，世界中に多くの愛好者がいます。

単語　menschliches Gefühl　心情 / Liebhaber　男愛好家

D Die Werke japanischer Schriftstellerinnen und Schriftsteller sind auch im Ausland bekannt, nicht wahr?

日本の作家の作品は外国にも紹介されていますね。

J Ja, das ist richtig. Unter den modernen japanischen Schriftstellern scheinen die Werke von Soseki Natsume, Junichiro Tanizaki, Yukio Mishima und Ryunosuke Akutagawa am meisten gelesen zu werden. Der amerikanische Literaturwissenschaftler Donald Keene schrieb eine Geschichte der japanischen Literatur in englischer Sprache und übersetzte Meisterwerke wie „Okunohosomichi" und „Tsurezuregusa". Dadurch machte er die japanische Literatur und Kultur im Ausland bekannt. Yasunari Kawabata und Kenzaburo Oe erhielten 1968 bzw. 1994 den Nobelpreis für Literatur. Von den zeitgenössischen Schriftstellern wurden die Werke von Haruki Murakami, Yoko Ogawa und anderen in andere Sprachen übersetzt und werden überall gelesen. Nicht zu vernachlässigen sind auch die Werke von grenzüberschreitenden Schriftstellern wie Yoko Tawada, die sowohl auf Japanisch als auch auf Deutsch schreibt.

はい。近代の日本文学作家の中では，夏目漱石，谷崎潤一郎，三島由紀夫，芥川

龍之介らの作品がよく読まれているようです。日本文学研究家ドナルド・キーンは，日本文学の歴史を英語で執筆し，『奥の細道』や『徒然草』といった傑作を英語に翻訳して，日本文学・文化を海外に紹介しました。また，川端康成と大江健三郎がそれぞれ 1968 年と 1994 年にノーベル文学賞を受賞しています。現代作家では村上春樹，小川洋子らの作品が外国語に翻訳され，広く読まれています。また，日本語とドイツ語の両方で創作する多和田葉子のような「越境作家」の活躍も見逃せません。

単語 Schriftsteller 〔男〕作家 / übersetzen 翻訳する / Nobelpreis für Literatur ノーベル文学賞 / zeitgenössisch 〔形〕同時代の / vernachlässigen なおざりにする / grenzüberschreitend 〔形〕国境を越えた

第**4**章

政 治 経 済 ・ 社 会 制 度

51 Wirtschaft

経済

D **Wie hat sich die Wirtschaft in den letzten Jahren entwickelt?**

近年の経済状況について教えてください。

J Anfang der 1990er Jahre platzte die so genannte Bubble Economy und die Wirtschaft stagnierte. Ab dem Jahr 2000 erreichte China ein phänomenales Wirtschaftswachstum. Auch die japanische Wirtschaft erholte sich, angetrieben von der Auslandsnachfrage, zum Beispiel durch die wirtschaftliche Entwicklung Chinas und der ASEAN-Staaten. Doch obwohl die Gewinne der großen Unternehmen deutlich stiegen, kam davon nur wenig bei den Beschäftigten an. Die Löhne blieben unverändert oder sanken sogar.

1990年代初頭にいわゆるバブル経済の崩壊が起こり，その後経済は停滞しました。2000年以降は中国が驚異的な経済成長を果たしました。中国やASEAN諸国の経済発展といった外需に牽引されて，日本の景気も回復していきました。しかし，大企業の業績は大幅に伸びたものの，成果が労働者に分配されることがなく，実質賃金は据え置きまたは減少傾向となりました。

単語 platzen 破裂する / stagnieren 停滞する / phänomenal 形驚くべき / antreiben 駆り立てる / Auslandsnachfrage 女外需

D **Ist die Nachfrage innerhalb Japans nicht gestiegen?**

日本の内需は拡大しなかったのでしょうか？

| J | Die Regierung betonte, dass die Wirtschaft wegen des Wachstums der
Unternehmensgewinne boomte. Da die Unternehmensgewinne jedoch
häufig nicht in die Löhne der normalen Arbeitnehmer flossen, stieg der
Konsum der Haushalte nicht. Zudem belasteten Erhöhungen der Verbrauchssteuern und der Sozialversicherungsbeiträge die Kaufkraft der
Bevölkerung. 2012 führte die japanische Regierung die „Abenomics"
ein, eine neue Wirtschaftspolitik. Sie sollte auf den verzweifelten Auf-
schrei der Bevölkerung reagieren, dass sich ihr Leben trotz harter Arbeit
nicht verbesserte.

　企業の業績が伸びたことから政府は好景気を強調しました。しかし，企業利益は
一般労働者の給与には還元されなかったので，家庭の消費は伸びませんでした。さら
に消費税率引き上げ，社会保険料の増額が国民の購買力を圧迫しました。「働いても，
働いても暮らしがよくならない」という国民の切実な声に対して，2012 年に政府はア
ベノミクスという経済政策を打ち出しました。

単語 belasten　負担をかける / Erhöhungen der Verbrauchssteuern　消費税引き上げ /
Sozialversicherungsbeitrag　男社会保険料 / sich verbessern　改善する

D Welche Maßnahmen hat die Regierung bisher getroffen, um die Wirtschaft zu fördern?

経済を押し上げるために，政府は今までどのような政策をとってきたのでしょうか？

| J | Das Kabinett von Ex-Premierminister Abe z.B. erklärte, es werde drei
Pfeile abschießen. Der erste Pfeil sollte die Deflation durch eine Lockerung der Geldpolitik beenden. Dadurch sollte mehr Geld auf den Markt
kommen. Der zweite Pfeil war die fiskalische Unterstützung, d.h. eine
von der Regierung gesteuerte Ausweitung der Nachfrage. Der dritte Pfeil
war die Deregulierung, um Investitionen im privaten Sektor zu fördern.
Der Plan sah also vor, dass sich die Unternehmensleistung verbessert, die
Investitionen steigen, und dann die Löhne und der Konsum steigen. Die
Löhne sind jedoch noch nicht deutlich gestiegen.

たとえば当時の安倍内閣は，三本の矢を放つと説明しました。第一の矢は金融緩和によるデフレの脱却で，市場にお金を流通させるというものです。第二の矢は財政支援で，政府主導による需要の拡大です。第三の矢は，規制緩和によって民間企業への投資を喚起するというものです。こうして企業業績が改善し，投資が拡大し，賃金が増加して消費が拡大されていく，という筋書きでした。しかし，いまだに賃金の増加が実感されるまでには至っていません。

単語 abschießen　撃つ / Lockerung　囡緩和 / fiskalisch　形国家財政の / d.h. (das heißt)
すなわち / Ausweitung　囡拡大 / Deregulierung　囡規制緩和 / Lohn　男賃金

52 Lokale Selbstverwaltung

地方自治

D **Was können Sie mir über die kommunale Selbstverwaltung in Japan sagen?**

日本の地方自治について教えてください。

J In Japan gibt es 47 Präfekturen und Parlamente, deren Mitglieder und Gouverneure gewählt werden. Sie haben ähnliche Funktionen wie die deutschen Landkreise. Im Jahr 2000 ist ein Dezentralisierungsgesetz in Kraft getreten, das die Aufgabenverteilung zwischen zentralen Ministerien und lokalen Behörden klärt. Dadurch haben die Kommunen mehr Spielraum, um ihre Verwaltung den lokalen Gegebenheiten anzupassen.

日本にはドイツの郡（Landkreis）に似た機能を持つ，47の都道府県があります。すなわち47の議会があり，知事や議員は選挙によって決定されます。2000年に地方分権に関する法律が施行され，中央省庁と地方自治体の役割分担の明確化が図られました。これにより，各地方公共団体は地域の実情に沿った行政を行うことができるようになりました。

単語 Parlament 中議会 / Gouverneur 男知事 / Dezentralisierungsgesetz 中地方分権法 / in Kraft treten 効力を発する / Behörde 女官庁

D **Was sind die größten Herausforderungen für die Kommunalverwaltung?**

地方行政の主な課題はどのようなものがありますか？

J Das größte Problem ist der Rückgang der Bevölkerung im erwerbsfähigen Alter. Sinkende Geburtenraten und eine älter werdende Bevölkerung schwächen die lokale Wirtschaft und führen zu sinkenden Steuereinnahmen. Wenn die Steuereinnahmen zurückgehen, werden Dienstleistungen gestrichen oder müssen privat bezahlt werden. Dies wirkt sich negativ auf das Leben der Menschen aus. Eine der Maßnahmen, die als Reaktion darauf ergriffen wurden, ist das System der „Heimatstadtsteuer", *Furusato-Nozei*.

最大の問題は生産年齢の人口減少です。少子高齢化が地域経済を弱体化させ，税収を減少させています。税収が減少すると行政サービスが廃止されたり，有料化されたりして暮らしに影響が出ます。そこで始まった対策の一つに「ふるさと納税」という制度があります。

`単語` erwerbsfähig 　形 就業能力のある / Geburtenrate 　女 出生率 / streichen 　削除する / Maßnahmen ergreifen 　対策を取る

D **Was ist das *Furusato-Nozei*?**
ふるさと納税とはどのような制度ですか？

J Das *Furusato*-Steuersystem ermöglicht es Steuerzahlern, einen Teil ihrer Gemeindesteuer an eine Gemeinde ihrer Wahl zu spenden. Die Steuerzahler können selbst entscheiden, wofür ihre Steuergelder verwendet werden, z.B. für die Verbesserung des Bildungswesens oder für den Katastrophenschutz. *Furusato*-Nutzer können bis zu 30 Prozent des Spendenbetrags in Form von Geschenken zurückerhalten. Dazu gehören Reis, Fisch, Fleisch und andere lokale Spezialitäten, aber auch Übernachtungsgutscheine, Kunsthandwerke und vieles mehr. Die Gegenleistungen sind so attraktiv, dass viele Menschen das Angebot annehmen. Dadurch entsteht jedoch ein neues Problem, nämlich ein erheblicher Rückgang der Steuereinnahmen in den Städten.

ふるさと納税は，住民税の一部を任意の自治体に寄付できる制度です。納税者は，

教育の充実のため，あるいは災害復興のためなど，税金の使途を自ら指定して住民税を納めることができます。ふるさと納税制度を活用した人は，寄付金額の 30 パーセント以下の返礼品を受けとることができます。米や魚，肉などの地方の名産品や宿泊券，工芸品などさまざまな品目があります。返礼品は魅力的なので，多くの人がこの制度を利用しています。しかし，そのために今度は都市部の税収が大幅に減少するという新たな問題が生まれています。

単語 Gemeindesteuer ⏠女市町村税 / Steuerzahler ⏠男納税者 / Bildungswesen ⏠中教育制度 / Katastrophenschutz ⏠男災害予防策 / zurückerhalten　取り戻す

53 Industrie

産業

D **Wie sieht die Industriestruktur Japans aus?**

日本の産業構造はどうなっていますか？

J Der Dienstleistungssektor beschäftigt mit ca. 70 % die meisten Arbeitnehmer, gefolgt vom produzierenden Gewerbe mit ca. 20 %. Der Anteil
der Land-, Forst- und Fischereiwirtschaft nimmt aufgrund der Überalterung der Beschäftigten und des Nachwuchsmangels ab.

　就業人口が最も多いのはサービス産業でおよそ７割，次が製造業で２割程度です。
農林水産業は，就業者の高齢化や後継者不足により全体に占める割合は減少してい
ます。

単語 Gewerbe 中産業 / Forstwirtschaft 女林業 / Überalterung 女高齢化

D **Welche Veränderungen gibt es in der Primärindustrie?**

第一次産業の変化にはどんなものがありますか？

J Zum Beispiel können hochwertige landwirtschaftliche und tierische
Produkte direkt an Restaurants und einige gehobene Lebensmittelge-
schäfte verkauft werden. Einige Landwirte bieten auch Übernachtungs-
möglichkeiten auf ihren Höfen an. So können die Menschen den Anbau
und den Genuss frischer Produkte selbst erleben. In der Fischerei werden
Drohnen entwickelt, um Fischbestände aufzuspüren, und in der Fisch-
zucht wird künstliche Intelligenz eingesetzt.

たとえば，品質の高い農作物や畜産物を，レストランや一部の高級食材店に直接販売するケースも増えてきました。農場に宿泊施設を設け，栽培を体験したり，新鮮な食材を楽しんだりする機会を提供する生産者もいます。漁業では，魚群を探知するためのドローンが開発されたり，人工知能を使った養殖が行われたりしています。

単語 landwirtschaftlich 形農業の / Anbau 男栽培 / Drohne 女ドローン / aufspüren 探し出す

D | Wie verteilt sich der Dienstleistungssektor?
サービス産業の内訳はどのような状況ですか？

J Die meisten Beschäftigten gibt es im Bereich der medizinischen und sozialen Dienstleistungen, zu denen auch die Pflege gehört. An zweiter Stelle folgt das Hotel- und Gaststättengewerbe, wobei in den letzten Jahren auch die Nutzung von Lebensmittellieferdiensten zugenommen hat.

就業者数が最も多いのは医療・福祉サービスで，介護事業などもここに含まれます。次は宿泊・飲食業で，近年ではフードデリバリーサービスの利用が伸びてきています。

単語 Dienstleistungen 複サービス業 / Nutzung 女利用 参照 →18. 外食とデリバリー

54 Das Wahlsystem
選挙

D **Was können Sie uns über die Wahlen in Japan sagen?**
日本の選挙について教えてください。

J Es gibt nationale und kommunale Wahlen. Japan hat ein Zweikammersystem mit einem Unterhaus und einem Oberhaus. Das Unterhaus wird alle vier Jahre gewählt, das Oberhaus alle drei Jahre. Alle Mitglieder des Unterhauses können wiedergewählt werden, während die Hälfte der Mitglieder des Oberhauses alle drei Jahre neu gewählt werden. Obwohl die Amtszeit der Mitglieder des Unterhauses in der Regel vier Jahre beträgt, kann während der Amtszeit eine allgemeine Wahl stattfinden. Die Amtszeit der Mitglieder des Oberhauses beträgt sechs Jahre ohne die Möglichkeit einer Auflösung. Bei den Kommunalwahlen werden die Mitglieder der Kommunalparlamente sowie die Präfekten und Gemeindevorsteher gewählt.

　国政選挙と地方選挙があります。日本の国会は衆議院と参議院の二院制なので，4年に1回行われる衆議院総選挙と，3年に1回行われる参議院通常選挙があります。衆議院はすべての議員が改選されますが，参議院では3年ごとに議員の半数を改選します。衆議院議員の任期は4年で，任期途中の総選挙もありえます。参議院議員の任期は6年で，解散はありません。地方選挙には，地方議会議員選挙と，都道府県知事と市区町村の長を選ぶための選挙とがあります。

単語 kommunale Wahl　地方選挙 / Zweikammersystem　中二院制 / Oberhaus　中参議院 / Unterhaus　中衆議院 / alle ... Jahre　〜年ごとに / Mitglied　中メンバー / Amtszeit 女任期 / Vorsteher　男長

D Ab welchem Alter kann man wählen und gewählt werden?
選挙権，被選挙権は何歳からですか？

J Wahlberechtigt ist, wer mindestens 18 Jahre alt ist. In das Unterhaus kann man ab einem Alter von 25 Jahren gewählt werden. Für das Oberhaus gilt ein Mindestalter von 30 Jahren. Beides ist in der Verfassung festgelegt.

選挙権は 18 歳以上です。被選挙権を有するのは，衆議院議員は 25 歳以上，参議院議員は 30 歳以上です。どちらも憲法で定められています。

単語 wahlberechtigt 形選挙権のある / Verfassung 女憲法

D Kann man per Internet wählen?
インターネットを使った投票はできますか？

J Nein, dies ist noch nicht möglich. Ein Gesetzesentwurf, der die Stimmabgabe per Internet fördern soll, wird jedoch diskutiert. Im Moment bekommt jeder eine Wahlbenachrichtigung nach Hause geschickt, die man ins Wahllokal mitnehmen muss. Dort erhält man einen Stimmzettel, auf den man den Namen des Kandidaten und der Partei schreibt und in die Wahlurne wirft.

いいえ，まだできません。しかしインターネット投票を推進する法案が審議されています。現在は「投票所入場券」が自宅に郵送され，この券を持参して投票所で投票用紙を受け取り，その場で立候補者の氏名や政党名を記載して投票箱へ入れるという形です。

単語 Gesetzesentwurf 男法案 / Wahlbenachrichtigung 女投票所入場券 / Stimmzettel 男投票用紙

55 Die Verfassung
憲法

D | **Was zeichnet die japanische Verfassung aus?**

日本の憲法について、その特徴を教えてください。

J | Japan verlor den Zweiten Weltkrieg. Vor diesem Hintergrund trat 1947 die heutige Verfassung Japans, die so genannte „Friedensverfassung", in Kraft. Die Verfassung enthält die drei Prinzipien „Souveränität des Volkes", „Achtung der grundlegenden Menschenrechte" und „Pazifismus". Weitere Bestimmungen sind das „symbolische Kaisertum", der „Verzicht auf Krieg" und die „Gewaltenteilung".

日本は第二次世界大戦の敗戦国です。そうした背景から、1947年に「平和憲法」と呼ばれる現行の日本国憲法が施行されました。この憲法には、「国民主権」「基本的人権の尊重」「平和主義」の三原則があります。ほかにも「象徴天皇制」「戦争の放棄」「三権分立」などが定められています。

単語 Hintergrund 男 背景 / Souveränität 女 主権 / Menschenrecht 中 人権 / Pazifismus 男 平和主義

D | **Soweit ich weiß, gibt es eine Debatte über die Änderung der Verfassung?**

憲法改正についての議論があるそうですね？

J | Es gibt eine Debatte über das Für und Wider von Artikel 9 der Verfassung. Artikel 9 bezieht sich auf den Pazifismus und den Verzicht auf

Krieg, daher gibt es Widerstand gegen eine Änderung dieses Artikels.

とくに憲法第９条の是非について議論が行われています。第９条は平和主義や戦争の放棄に関わる条文ですので，改正に反対する意見もあります。

単語 Artikel 9 第９条

D Was sind Gründe für die Forderung nach einer Verfassungsänderung?

憲法改正を求める理由にはどのようなものがありますか？

J Viele Menschen scheinen die Sicherheit Japans bedroht zu sehen. Sie fordern eine Stärkung des Militärs, um das Land zu schützen. Andere sind gegen diese Forderung, weil sie befürchten, dass Japan wieder auf dem Weg zum Militarismus ist.

多くの人が，日本を取り巻く安全保障が脅かされているという危機感を持っているようです。彼らは，国を守るために軍事力を強化しようとしています。しかしこうした声に対しては，日本が再び軍国主義へと向かうのではないか，と危惧して反対する人もいます。

単語 scheinen ～のように見える / fordern 要求する / Stärkung 囡強化 / Militarismus 團軍国主義

56 Der Kaiser
天皇

056

D | Hat der Kaiser das Recht, das Land und die Menschen zu regieren?

天皇は国土や国民を治める権能を持っていますか？

J | Nein, der jetzige Kaiser hat dieses Recht nicht. Die Souveränität liegt beim japanischen Volk. Der Kaiser nimmt nur die Aufgaben wahr, die in der Verfassung festgelegt sind. Er hat nicht das Recht, sich in Staatsangelegenheiten einzumischen. Dennoch hat die kaiserliche Familie als Symbol Japans viele Bewunderer und viele Menschen besuchen die Geburtstags- und Neujahrsfeiern des Kaisers.

いいえ，現在の天皇にそのような権利はありません。主権は日本国民にあります。天皇は憲法が定めた国事行為のみを行い，国務に関与する権能はありません。それでも，日本の象徴として，皇室のファンは多く，天皇誕生日や正月の一般参賀には多くの人が訪れます。

単語 Kaiser 男天皇 / Volk 中国民 / Staatsangelegenheit 女国務 / Bewunderer 男崇拝者

D | Wie sieht die Familie des Kaisers aus?

天皇にはどのような家族がいますか？

J | Der jetzige Kaiser hat eine Frau, die Kaiserin, und eine Tochter, die Prinzessin. Außerdem leben noch sein Vater und seine Mutter. Sein Vater hat als Kaiser abgedankt. Der Kaiser hat auch einen jüngeren Bruder, der in der Thronfolge an erster Stelle steht. Seine jüngere Schwester hat geheiratet und ist in den bürgerlichen Stand eingetreten. Da der Kaiserthron nur an männliche Nachkommen vererbt wird, scheiden die weiblichen Verwandten des Kaisers aus der kaiserlichen Familie aus. Sie werden normale Bürger, wenn sie heiraten. Dieser Brauch ist in den letzten Jahren zunehmend in die Kritik geraten, da er nicht mehr dem Bewusstsein der heutigen Gesellschaft entspricht. Es wird viel darüber diskutiert, wie der Kaiser als Symbol der nationalen Einheit in Zukunft mit dem gesellschaftlichen Fortschritt in Einklang gebracht werden kann.

今上天皇には，妻である皇后と娘である内親王がいます。そして，退位した父・上皇と母の上皇后，皇位継承順位第一位の弟と，すでに結婚して民間人となった妹がいます。皇位は男系男子にのみ継承される制度なので，天皇の娘や妹は，結婚すると皇族ではなくなり，民間人になります。しかし，近年では，現代社会の意識とあまりにもかけ離れている，との声が出てきています。国民統合の象徴としての天皇が，今後，一般社会の常識とどう折り合っていくのか，大いに議論されています。

単語 abdanken 退位する / Thronfolge 囡王位継承 / aus ... ausscheiden 〜を引退する / in die Kritik geraten 批判を浴びる / Bewusstsein 田意識 / über ... diskutieren 〜について議論する / Einheit 囡統一 / A mit B in Einklang bringen A と B を調和させる

57 Selbstverteidigungsstreitkräfte

自衛隊

D **In der japanischen Verfassung steht doch „Verzicht auf Krieg" und „kein Kriegspotential", oder?**

日本は憲法において「戦争の放棄」と「戦力不保持」を掲げているのですよね？

J Ja. Die Selbstverteidigungsstreitkräfte dienen ausschließlich der Verteidigung und sollen den Frieden und die Unabhängigkeit schützen. Der Premierminister hat den Oberbefehl und die Oberaufsicht. Dennoch verfügt sie über ähnliche militärische Fähigkeiten wie die Land-, See- und Luftstreitkräfte anderer Länder. Deshalb wird in Japan diskutiert, ob die Selbstverteidigungsstreitkräfte eine Armee sind oder nicht. In Japan gibt es aufgrund des letzten Krieges ein tiefes Misstrauen gegenüber einer Armee oder einer Vergrößerung des Militärs.

はい。自衛隊は専守防衛で，平和と独立を守るためにあるとされます。最高指揮監督権は内閣総理大臣にあります。とはいえ他国の陸海空軍に相当する軍事力を備えているので，自衛隊は軍隊か否かが国内でも議論されています。日本では先の大戦の反省から，軍隊を持つことや軍拡に対して慎重論が根強いのです。

単語 Selbstverteidigungsstreitkräfte 複自衛隊 / Oberbefehl 男最高指揮権 / Oberaufsicht 女総監督権 / Fähigkeit 女能力 / Misstrauen 中不信感 / Vergrößerung 女拡大

参照 → 55. 憲法

D Reichen die Selbstverteidigungsstreitkräfte allein zur Verteidigung aus?

国防は自衛隊だけで十分なのでしょうか？

J Nein, die Selbstverteidigungsstreitkräfte reichen wahrscheinlich nicht aus. Als Verbündeter der USA hat Japan den japanisch-amerikanischen Sicherheitsvertrag unterzeichnet. Dadurch gibt es 130 US-Militärbasen in Japan. Vor allem auf Okinawa werden etwa 8 % der Gesamtfläche für US-Militärbasen genutzt. Das bringt natürlich auch Nachteile mit sich. Die Anwohner klagen über Fluglärm und die Gefahr von Flugzeugabstürzen. In den letzten Jahren hat der Bau eines neuen Stützpunktes großen Widerstand hervorgerufen. Er soll Okinawa übermäßig belasten und den Lebensraum seltener Meerestiere zerstören.

いいえ，自衛隊だけでは十分ではないでしょう。日本はアメリカの同盟国として，日米安全保障条約を結んでいます。そのため国内には130か所の米軍基地があり，とりわけ沖縄は，県の総面積の約8%が米軍基地関係に利用されています。そこにはもちろんデメリットもあります。周辺の住民は軍用機の爆音の被害や航空機墜落の危険を訴えています。近年では新基地建設により，沖縄に過重な基地負担をもたらし，稀少な海洋生物の生息地が破壊されるなどとして，大きな反対運動が起こりました。

D Hat Japan eine Wehrpflicht?

日本に兵役はありますか？

J Nein, in Japan gibt es keine Wehrpflicht. Die japanischen Selbstverteidigungsstreitkräfte sind ein Freiwilligensystem, für das sich jeder zwischen 18 und 33 Jahren bewerben kann.

いいえ，日本に兵役はありません。自衛官は志願制で，18歳以上33歳未満の人が応募できます。

58 Preise
物価

D Wie entwickeln sich die Preise?

物価の動向はどのように推移していますか？

J Qualitativ hochwertige Kleidung gibt es dank Fast Fashion zu günstigen Preisen. Auch Sushi und *Tempura* kosten in Restaurantketten wenig. Alle Waren des täglichen Bedarfs sind in 100-Yen-Läden erhältlich. Steigende Rohstoffpreise haben jedoch in den letzten Jahren zu Preiserhöhungen bei Benzin, Strom und Gas geführt. Dadurch sind auch andere Preise gestiegen.

衣料品はファストファッションの普及で質のいいものが安く手に入り，寿司や天ぷらもチェーン店で気軽に食べられるようになりました。必要なものは 100 円均一ショップで手に入ります。ところが，近年では資源価格の上昇により，ガソリンや電気，ガスの値上げをもたらし，物価上昇に影響しています。

単語 qualitativ 形質的な / dank ～のおかげで / Bedarf 男必需品 / Rohstoffpreis 男資源価格

D Sind auch die Preise für Lebensmittel und Restaurants betroffen?

食料品や飲食店の価格も影響を受けていますか？

J Ja, die Preise sind 2023 weiter gestiegen. Die meisten Lebensmittel sind teurer geworden, darunter Weizen, Speiseöl, Gewürze, Süßwaren,

Käse, Tee und Gemüsesäfte. Dies ist vor allem auf die weltweit gestiegenen Transportkosten zurückzuführen.

はい，2023年時点では値上げが続いています。食料品はとりわけ，世界的な輸送費の上昇を背景に，小麦，食用油，調味料，菓子，チーズ，お茶や野菜ジュースなどほとんどが値上がりしました。

D Die hohen Lebenshaltungskosten haben das Leben schwieriger gemacht, nicht wahr?

物価高によって，暮らしにくくなった様子が伝わってきますね。

J Leider sind die hohen Preise der letzten Jahre kein positiver Kreislauf, bei dem höhere Löhne den Konsum ankurbeln und die Preise steigen. Es ist eher ein Teufelskreis, in dem die hohen Rohstoff- und Energiekosten die Haushalte belasten und den Konsum immer weiter zurückgehen lassen. Wir wünschen uns für die Zukunft Lohnerhöhungen.

残念ながら近年の物価高は，賃上げで消費が高まり物価が上昇する，という好循環ではありません。背景にあるのは原材料，エネルギーの高騰なので，家計の負担だけが増し，さらに消費が落ち込むというむしろ悪循環を生み出しています。今後の賃上げに期待したいところです。

単語 Kreislauf 男循環 / ankurbeln （経済などに）てこ入れする / Teufelskreis 男悪循環

59 Arbeitszeiten
労働時間

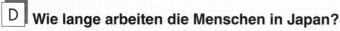

D **Wie lange arbeiten die Menschen in Japan?**

日本人の労働時間はどのくらいですか？

J Nach einer statistischen Erhebung der OECD hat Deutschland mit 1.349 Stunden die geringste Jahresarbeitszeit pro Kopf, in Japan sind es 1.607 Stunden. Obwohl die tägliche Arbeitszeit auf acht Stunden und die wöchentliche auf 40 Stunden festgelegt ist, wird diese Regelung oft nicht eingehalten. Überstunden müssen auch in Japan bezahlt werden. In der Praxis werden jedoch häufig unbezahlte Überstunden geleistet, die als „Serviceüberstunden" bezeichnet werden.

OECD の統計調査によると，1 人当たりの年間労働時間はドイツが 1349 時間で最も短く，これに対して日本は 1607 時間です。一日 8 時間，週 40 時間の労働時間が定められていますが，しばしばこれを超過します。残業代が支払われることになりますが，実際には，残業しているのに超過した分の賃金が支払われないこともよくあり，「サービス残業」と呼んでいます。

単語 Erhebung 囡（公的な）調査 / Jahresarbeitszeit 囡年間労働時間 / pro Kopf　1 人あたり / Überstunden 圈時間外労働

D **Sind „Serviceüberstunden" nicht illegal?**

「サービス残業」は違法ではないのですか？

J Ja, eigentlich schon. Aber je nach Art des Arbeitsverhältnisses wird die

Zeit nicht unbedingt als Überstunde angesehen. Bei Verkaufstätigkeiten ist es beispielsweise manchmal schwierig, die außerhalb des Büros geleisteten Stunden zu ermitteln. In einigen Fällen erhalten die Arbeitnehmer eine bestimmte monatliche Prämie, die bei Überschreitung nicht gesondert abgerechnet wird.

はい，基本的にはそうです。違法になる場合もありますが，雇用形態によっては時間外労働にはならない場合もあります。たとえば営業職では，社外での労働時間を把握することが難しいことがあります。毎月一定の割増賃金を支給され，それを超過しても従業員が別途の精算を求めることができない場合もあります。

単語 unbedingt 絶対に / Prämie 〔女〕割増金 / Überschreitung 〔女〕超過 / gesondert 〔形〕別途 / abrechnen 精算する

D ## Gibt es Arbeitsformen wie Teilzeitarbeit oder Jobsharing?
パートタイムやワークシェアリングといった働き方がありますか？

J Ja, in Japan gibt es verschiedene Arbeitsformen wie Teilzeitarbeit, Zeitarbeit und Halbtagsstellen. In den letzten 30 Jahren ist der Anteil der nicht regulär Beschäftigten von ca. 20 % auf 40 % gestiegen, d.h. zwei von fünf Personen sind nicht regulär beschäftigt.

日本でもパートタイムや派遣労働，短時間正社員などの雇用形態があります。この30年の間に非正規雇用者の割合が約 20% から 40% へ増加しており，5人に2人が非正規雇用者であると言われています。

単語 ca. (circa) 約

60 Armut

貧困

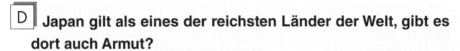

D **Japan gilt als eines der reichsten Länder der Welt, gibt es dort auch Armut?**

日本は世界的にもっとも豊かな国に入るとされていますが，貧困問題はありますか？

J Ja, leider ist Armut in den letzten Jahren zu einem gesellschaftlichen Problem geworden. Immer mehr Menschen leben in Armut, d.h. unterhalb des nationalen Lebensstandards. Der größte Teil der Armen sind Alleinstehende, ältere Menschen und Alleinerziehende.

残念ながら，近年では貧困が社会問題に発展しています。国の生活水準を下回る貧困状態に陥っている人々が増加しています。単身者，高齢者，ひとり親世帯が多くを占めています。

単語 gesellschaftlich 形 社会の / Armut 女 貧困 / Lebensstandard 男 生活水準 / Alleinerziehende 男 女 ひとり親

D **Kinderarmut hängt doch mit dem Familieneinkommen zusammen, oder?**

子どもの貧困状態は，家庭の収入が関係しているのでは？

J Ja, manche Kinder haben wegen des geringen Einkommens ihrer Eltern nicht genug zu essen und bekommen nicht genug Kleidung und andere Dinge des täglichen Bedarfs. Für diese Kinder hat sich in den letzten Jahren das sogenannte „Kodomo Shokudo" zu einer beliebten Initiative entwickelt. Menschen nutzen ihre Wohnungen oder Gemeindezentren, um selbstgekochte warme Mahlzeiten zu geringen oder gar keinen Kosten anzubieten. Die Kinder können sich hier gut ernähren und mit anderen Kindern und ihren Nachbarn an einem Tisch sitzen. Das gibt ihnen ein Gefühl von Stabilität.

はい。保護者の収入が低いために，食事が満足に取れず，必要な衣料品や日用品が手に入らなかったりする子どもたちがいます。そのような子どもたちのために，近年では「子ども食堂」という取り組みが盛んになりました。地域の人たちが自宅や公民館などを利用して，手作りの温かい食事を安価または無料で提供しています。子どもたちはここで十分な栄養を取ることができますし，ほかの子どもや近所の人たちと一緒に食卓を囲むことで，気持ちも安定するといいます。

単語 Initiative ［女］イニシアチブ / sich ernähren 栄養をつける / Nachbar ［男］隣人

D ┃ **Wie entsteht Altersarmut?**
高齢者の貧困はどのように起こるのですか？

J ┃ In jüngster Zeit hat sich ein Rentenalter von 65 Jahren durchgesetzt, ab dem die Menschen auf ihre Rente angewiesen sind. Rund 65 % des Einkommens älterer Haushalte stammt aus der staatlichen Rente. Leider sinken die Leistungen von Jahr zu Jahr und reichen oft nicht aus, um die Lebenshaltungskosten zu decken. Die Regierung ermutigt ältere Menschen, wieder zu arbeiten. Dies ist jedoch keine Lösung für diejenigen, die krank oder körperlich behindert sind.

最近は 65 歳定年が定着して，退職後は年金生活することになります。高齢者世帯の所得は約 65% が公的年金であるというデータもありますが，年金受給額は年々減少しており，生活費としては不十分なことも多いです。政府は高齢者にも再就職を勧めていますが，病気や身体に不自由を抱える人には解決になりません。

単語 durchsetzen 押し通す / auf ... angewiesen 〜に頼らざるを得ない / von Jahr zu Jahr 年々 / Kosten decken 費用をカバーする / ermutigen 勇気づける

61 Lebenserwartung
平均寿命

D **Warum haben die Japaner eine so hohe Lebenserwartung?**

なぜ日本人は長寿なのでしょうか？

J Ich denke, das liegt vor allem an der Entwicklung der medizinischen Versorgung. Außerdem hat Japan eine staatliche Krankenversicherung, die jedem den Zugang zu medizinischer Versorgung ermöglicht. Ein weiterer Faktor könnten die Ernährungsgewohnheiten sein. In Japan werden neben dem Grundnahrungsmittel Reis häufig fermentierte Lebensmittel wie Miso-Suppe gegessen und neben Fleisch stehen auch Fisch, Seetang und Gemüse auf dem Speiseplan. Außerdem wird sowohl viel gebadet als auch geduscht, was die Durchblutung im ganzen Körper fördern soll. Das soll auf lange Sicht Langlebigkeit bringen.

医療の発達と，国民健康保険制度が充実していて医療へのアクセスがいいことが大きいと思います。ほかには，食生活が影響しているのかもしれません。日本では一般に主食の米とあわせて味噌汁などの発酵食品を頻繁に食べ，肉のほかにも魚や海藻類，野菜を献立に取り入れています。それから，シャワーだけでなく入浴もよくしています。全身の血行促進の効果があるとされていて，長い目で見ると長寿に関係しているのかもしれません。

単語 Versorgung 囡供給 / Krankenversicherung 囡疾病保険 / Ernährungsgewohnheit 囡食習慣 / fermentiert 形発酵した / auf lange Sicht 長い目で見て / Langlebigkeit 囡長寿

D Gibt es nicht auch Menschen, die Angst vor einem langen Leben haben?

長生きすることに不安を感じる人もいるのではありませんか？

J Ja, ich glaube schon. Heutzutage machen sich manche Menschen nicht nur Sorgen über die Lebenshaltungskosten im Alter, sondern auch über gesundheitliche Probleme und Pflegebedürftigkeit. Pflegebedürftigkeit kann für die Angehörigen eine große Belastung sein. Oft sind die Pflegenden selbst schon älter und müssen sich um noch ältere Angehörige kümmern. Dies ist zu einem gesellschaftlichen Problem geworden. Aus diesem Grund sind ältere Menschen bestrebt, körperlich und geistig gesund und selbstständig aktiv zu bleiben.

はい，そういう人もいると思います。最近では老後の生活費に加えて，健康問題，介護などに不安を抱く人もいます。介護が必要となる場合には，家族にも負担がかかり，高齢者が高齢者を介護しなければならないという社会問題も生まれています。このため，心身ともに健康で自立して活動できるように努力しています。

単語 Sorge 囡心配 / Pflegebedürftigkeit 囡要介護状態 / Angehörige 男囡親族 / selbstständig 形自立した

62 Hochschulbildung
高等教育

D Wie ist das Hochschulsystem in Japan aufgebaut?
日本の高等教育の仕組みはどうなっていますか？

J Im Anschluss an die Oberschule wird die Hochschulbildung in Form von Junior Colleges, Universitäten und Fachhochschulen angeboten. Die Junior Colleges sind zweijährige Einrichtungen, die Universitäten vierjährige Einrichtungen und die Fachhochschulen fünfjährige Einrichtungen. Hochspezialisierte Forschung wird in Postgraduiertenstudiengängen betrieben. Es werden Master- und Promotionsstudiengänge angeboten.

中等教育のあとは，短期大学，大学，高等専門学校などで高等教育が受けられます。短期大学は2年，大学は4年，高等専門学校は5年制です。専門性の高い研究は，大学院で行われています。修士課程と博士課程があります。

単語 hochspezialisiert 形専門性の高い / Postgraduiertenstudiengang 男大学院 / Promotionsstudiengang 男博士課程

D Gibt es Schulen, die berufsbegleitende Ausbildungen anbieten, wie in Deutschland?
ドイツのように職業と結びついた教育をする学校もありますか？

J Ja, die gibt es. Es gibt eine Vielzahl von berufsbildenden Schulen, z.B. für Sozialwesen, Medizin, Mechanik und Elektrik, Design, Tourismus, Schönheit, Mode, Kochen, Animation und Film. Es wird gesagt, dass ein sehr hoher Prozentsatz der Menschen in Berufen arbeitet, in denen sie das Wissen und die Fähigkeiten, die sie in diesen Schulen erworben haben, anwenden können.

はい。福祉や医療，機械・電気，デザイン，観光，美容，ファッション，調理，アニメーションや映像を学ぶための学校など，多様な職業と結びついた学校があります。これらの学校で学んだ知識や技術が活かせる職業に就く人の割合は非常に高いと言われています。

単語　berufsbildend　形職業教育をする / Prozentsatz　男パーセンテージ / erwerben　獲得する / anwenden　応用する

D　Sind die meisten Hochschulen öffentlich?
大学は国公立大学が多いのですか？

J　Nein. In Japan gibt es sowohl staatliche als auch private Universitäten. Von den rund 800 Universitäten in Japan sind 80 % privat, was einen großen Unterschied zu Deutschland darstellt. Die Studiengebühren liegen zwischen 500.000 Yen pro Jahr an staatlichen Universitäten und 800.000 bis 1.000.000 Yen an privaten Universitäten.

いいえ。日本には国公立大学と私立大学があります。約 800 ある大学のうち，およそ 8 割が私立大学ですから，ドイツとはずいぶん違います。学費は，国立でも年間 50 万円，私立だと 80 ～ 100 万円はかかります。

単語　rund　およそ / Studiengebühr　女学費 / staatlich　形国立の / privat　形私立の
参照　→7. 子育て

Die Geburtenrate
出生率

D **Wie hoch ist die Geburtenrate in Japan?**

日本の出生率はどのくらいですか？

J Im Jahr 2022 kamen auf jede Frau 1,26 Kinder und die Zahl der Geburten lag unter 800.000.

1人の女性が生涯に産む見込みの子どもの数は，2022 年には 1.26，出生数は 80 万人を切りました。

D **Was sind mögliche Ursachen für den Geburtenrückgang?**

少子化の原因はどのようなことが考えられますか？

J Steigende Kosten für die Kinderbetreuung und die Einstellung zu Heirat und Geburt scheinen die Hauptgründe zu sein. In Frankreich und Schweden wurde neben der finanziellen Unterstützung auch die Kinderbetreuung verbessert und ein Urlaubssystem für Familien mit Kindern eingeführt. Dies führte zu einem Anstieg der Geburtenrate.

養育コストの増大，結婚・出産に対する価値観の変化等があると言われています。フランスやスウェーデンでは経済支援のほかに保育の充実や子育て世帯に対する休暇制度などの整備を行い，出生率の回復が見られました。

単語 Kinderbetreuung 囡子育て / Einstellung 囡立場 / Urlaubssystem 中休暇制度

Gibt es Gründe, die spezifisch für Japan sind?
日本特有の理由はありますか？

J Es gibt eine Reihe von Gründen, z.B. die rasche Zunahme später Ehe-schließungen und die Schwierigkeit, Geburt und Kinderbetreuung mit dem Beruf zu vereinbaren. Viele Menschen bleiben auch unverheiratet. Hinzu kommt ein gewisser Aberglaube. Er besagt, dass Frauen, die im Jahr des „*Hinoeuma*" geboren werden, temperamentvoll sind und ihre zukünftigen Ehemänner unglücklich machen. Deshalb versuchen viele, in diesem Jahr keine Kinder zu bekommen. Es kommt nur alle 60 Jahre vor und das letzte „*Hinoeuma*" Jahr war 1966, das nächste wird 2026 sein.

晩婚化が急速に進んでいること，出産・育児と就業の両立が実現しにくいことなどが挙げられます。結婚しない人も多くいます。さらにある迷信があり，「ひのえうま」の年に生まれた女性は，気性が激しく将来の夫を不幸にするとされ，この年の巡りでは出産を控える人が多かったのです。この特別な年は60年に一回あり，前回は1966年，次に巡ってくるのは2026年になります。

単語 rasch 形速い / Eheschließung 女結婚 / mit ... vereinbaren ～と両立させる / hinzu kommen さらに / besagen 意味する / temperamentvoll 形気性の激しい / alle ... Jahre ～年ごとに 参照 → 5. 結婚 7. 子育て

64 Die Stellung der Frau
女性の地位

D **Wie ist die Stellung der Frau in Japan?**

日本におけるジェンダーギャップはどのような状況ですか？

J Der Gender Gap Index misst die geschlechtsspezifischen Unterschiede in den vier Bereichen Wirtschaft, Politik, Bildung und Gesundheit. Im Jahr 2023 lag Japan leider nur auf Platz 125 von 146 Ländern. An erster Stelle steht Island, gefolgt von Norwegen und Finnland, Deutschland liegt auf Platz sechs. Wie dieser Index zeigt, scheint es mit der Gleichstellung der Frauen in Japan nicht so weit her zu sein.

「経済」「政治」「教育」「健康」の４つの分野のデータからなる男女格差を測るジェンダーギャップ指数によると，残念ながら日本の順位は 2023 年版では 146 か国中 125 位です。１位はアイスランド，次にノルウェー，フィンランドと続き，ドイツは６位という結果でした。この指数が表しているように，男女格差の解消が進んでいるとはいえないようです。

単語 geschlechtsspezifisch 〔形〕性に特有の / an erster Stelle 一位にあるのは / mit ... nicht so weit her sein ～が大したことはない

D **Wie hoch ist der Frauenanteil in Politik, Bildung und Wirtschaft?**

政治や教育，経済界における女性の割合はどの程度でしょうか？

J Nur etwa 10 % der Abgeordneten im Unterhaus und etwas mehr als

20 % der Oberhausmitglieder sind Frauen. Der Anteil der weiblichen Lehrkräfte geht schrittweise von 60 % in der Grundschule auf 40 % in der Mittelschule und auf gut 20 % an den Hochschulen zurück. Der Anteil von Frauen in Führungspositionen in Unternehmen und in Behörden liegt bei 10 % und damit unter dem Ziel der Regierung von 30 %.

女性の国会議員は衆議院で１割程度，参議院で２割強にとどまっています。教員全体に占める女性の割合は，小学校では６割，中学校で４割と徐々に下がり，大学になるとわずか２割強です。民間企業や官公庁などで管理職として働く女性の割合は１割で，政府目標の３割には届いていません。

単語 Lehrkraft 女 教員 / schrittweise 一歩一歩 / Unternehmen 中 企業 / Ziel 中 目標

D Wann spüren Sie in Ihrem Alltag einen Unterschied zwischen Männern und Frauen?

日常生活の中で，男女差を感じるのはどんなときですか？

J Es scheint immer noch eine starke Tendenz zu geben, Kindererziehung, Pflege und Hausarbeit als Frauensache zu betrachten. Zwar wächst das Bewusstsein, dass Frauen gleichberechtigte Partner sind, aber es gibt immer noch Menschen, die Frauen als Objekte betrachten, die von Männern beschützt werden müssen. Die Erziehung versucht, die Unterschiede zwischen Männern und Frauen zu verringern, aber die Gesellschaft als Ganzes scheint noch nicht bereit zu sein, ihre Einstellung zu ändern.

子育て，介護，家事は女性の役割とみなす風潮はまだ根強いようです。女性は対等なパートナーという意識が広がる一方で，男性によって保護されるべき対象であると考えている人もまだいるようです。学校教育では男女による区別を減らそうとしていますが，社会全体としてはまだ，意識変革の途上であるように思います。

単語 Objekt 中 対象 / als Ganzes 全体として

65 Nationalflagge und Hymne

国旗・国歌

D **Wie sieht die japanische Nationalflagge aus?**

日本の国旗について教えてください。

J Die Nationalflagge hat ein einfaches Design mit einem roten Kreis auf weißem Grund und wird „*Hinomaru*" genannt. Der zentrale Kreis soll die Sonne darstellen und das Hissen der Flagge symbolisiert den Sonnenaufgang. Die Kombination von Rot und Weiß ist ein traditionelles japanisches Farbschema und soll Segen bringen.

国旗は白地に赤い円が描かれたシンプルなデザインで，「日の丸」と呼ばれています。中心の円は太陽を表しているとされ，国旗の掲揚は朝日が昇る姿に重ねられます。赤と白の組み合わせは日本の伝統的な配色で祝福をもたらすとされています。

単語 Nationalflagge 女国旗 / symbolisieren 象徴する / Farbschema 中配色 / Segen bringen 祝福を与える

D **Was können Sie uns über die Nationalhymne sagen?**

国歌について教えてください。

J Der Text soll auf einem Waka-Gedicht aus dem „Kokin Waka Shu" basieren, das um 913 herausgegeben wurde. Es bedeutet „Möge die Herrschaft des Herrschers lange dauern". Interessant ist die Metapher, das aus einem Kieselstein ein großer Fels wird, der so lange hält, bis Moos auf ihm wächst.

歌詞は 913 年頃に成立した『古今和歌集』の和歌を元にしているといわれています。「君主の治世が，長く続きますように」という意味になります。比喩が興味深いと思います。小石が長い年月をかけて大きな岩になって，そのうちその岩には苔が生えてくるほど長く続いて欲しい，と歌っています。

単語　herausgeben　編集する / Herrscher　[男]君主 / Metapher　[女]隠喩

D | **Die Hymne scheint sehr alt zu sein.**
とても古い時代に成立した歌詞を歌い継いでいるのですね。

J | Obwohl die Texte historisch sind, wurden *Kimigayo* und *Hinomaru* erst 1999 als Nationalhymne und Flagge rechtlich anerkannt. *Kimigayo* und *Hinomaru* stießen auf Widerstand, weil sie in der Vergangenheit als Symbole des Militarismus gedient hatten.

　歌詞の成立は歴史的なものですが，「君が代」が「日の丸」とともに国歌・国旗として法的に定められたのは 1999 年です。「君が代」と「日の丸」はかつての軍国主義の象徴として機能した背景があることから，反対する声がありました。

単語　Nationalhymne　[女]国歌 / rechtlich anerkannt　法的に認められた

66 Verbrechen
犯罪

D | **Man sagt, Japan ist ein sicheres Land, stimmt das?**

日本は治安のいい国だと言われていますが，実際のところはどうでしょうか？

J | Ich denke schon, dass Japan im Allgemeinen ein sicheres Land ist. Verglichen mit anderen Industrienationen ist die Kriminalitätsrate relativ niedrig. Nach dem Global Peace Index liegt Japan ungefähr auf Platz 10 von 163 Ländern. Deutschland liegt etwa auf Platz 20. Die Gesamtkriminalität in Japan ist rückläufig. Auf der anderen Seite nehmen Betrugsdelikte, Kindesmissbrauch, häusliche Gewalt und in den letzten Jahren auch die Internetkriminalität zu.

先進国の中でも事件件数は少なく，おおむね安全な国だと思います。世界平和度指数によると，163 か国中，日本は 10 位前後です。ドイツは 20 位前後のようです。日本では犯罪発生率そのものは全体としては低下していますが，一方で，特殊詐欺，児童虐待や DV，そして近年ではサイバー犯罪などが増加しています。

単語 im Allgemeinen 一般に / ein sicheres Land 安全な国 / Industrienation 女 工業国 / Kriminalitätsrate 女 事件発生率 / Betrugsdelikt 中 特殊詐欺 / Kindesmissbrauch 男 児童虐待 / häusliche Gewalt 家庭内暴力

D | **Wie steht es um die Jugendkriminalität?**

青少年の犯罪はどのような状況ですか？

J | Diebstahl und Unterschlagung gehen zurück, während Betrug und

Verstöße gegen das Cannabiskontrollgesetz zunehmen. Der Besitz und die Weitergabe von Cannabis ist in Japan verboten. Es gilt als Einstiegsdroge mit starken Nebenwirkungen und Suchtpotenzial. Trotzdem probieren es in den letzten Jahren immer mehr Jugendliche aus. Sie sind neugierig.

窃盗や横領などが減少する一方，詐欺や大麻取締法違反が増加しています。大麻はより強い副作用や依存性のある薬物使用への入り口となるとされ，日本では大麻の所持・譲渡などが禁止されています。ところが近年，青少年の間で好奇心から気軽に使用してしまうケースが増加しています。

単語 Cannabiskontrollgesetz 中大麻取締法 / Einstiegsdroge 女ゲートウェイドラッグ / Nebenwirkung 女副作用 / Suchtpotenzial 中依存症の潜在性 / Jugendliche 男女青少年

D Welche Betrugsmethoden gibt es und was wird dagegen unternommen?
詐欺の手口と防犯対策にはどのようなものがありますか？

J Es gibt zum Beispiel Betrüger, die am Telefon vorgeben, von der Bank zu sein und dann versuchen, an vertrauliche Informationen zu kommen. Gegen diese Art von Betrug gibt es inzwischen Telefone mit Sicherheitsfunktionen.

たとえば，電話で銀行員を装い，秘密の情報を聞き出そうとする詐欺師がいます。現在では，この種の詐欺に対するセキュリティ機能を備えた電話機も登場しています。

単語 vorgeben 偽る / vertraulich 形内密の

第 **5** 章

レジャー・ライフスタイル

67 Ausflugsziele

観光地

D **Wo verbringen japanische Jugendliche ihre Freizeit?**

日本の若者は休みの日をどこで過ごしますか？

J Junge Japaner besuchen gerne die großen Freizeitparks. Es gibt aber auch kleine Vergnügungsparks, jeder mit seinem eigenen Flair. Feuerwerke und Illuminationen sind dort ein außergewöhnliches Erlebnis und ziehen viele Besucher immer wieder an. Beliebt sind auch das Tokyo German Village und die Outlet Parks. In letzter Zeit werden auch Oktoberfeste und Weihnachtsmärkte nach deutschem Vorbild viel besucht.

日本の若者は大型テーマパークに行くのを好みますが，小さい遊園地もそれぞれ趣向を凝らし，負けていません。花火やイルミネーションで非日常を体験できるため，多くのリピーターを獲得しています。「東京ドイツ村」やアウトレットパークも人気ですし，最近では，ドイツ風オクトーバーフェストやクリスマスマーケットも賑わいを見せています。

単語 Freizeitpark 男 レジャーパーク / Vergnügungspark 男 遊園地 / Flair 中 雰囲気 / außergewöhnlich 形 並み外れた / Vorbild 中 模範 **参照** → 69. テーマパーク

D **Wohin kann ich von Tokio aus einen Tagesausflug machen?**

東京からの日帰り旅行にはどこに行ったらいいでしょう？

J Beliebte Ausflugsziele von Tokio aus sind die heißen Quellen von Hakone, die historisch interessanten Schreine und Tempel von Kamakura und der Toshogu-Schrein in Nikko. Kamakura liegt in der Nähe der Küste und ist ideal für einen Spaziergang. Es gibt dort auch viele nette Cafés. Achten Sie aber auf Staus, besonders während der Kirschblüte und der Laubfärbung. Am besten nimmt man den Zug.

東京からの日帰り旅行には，箱根の温泉，歴史的な魅力が感じられる鎌倉の神社仏閣，そして日光の東照宮が好まれています。鎌倉は海岸が近く散歩にも最適で，おしゃれなカフェもたくさんあります。ただ，花見や紅葉の時期は特に人出が多いため，交通渋滞には気をつけましょう。電車を利用するのがベストです。

単語 Ausflugsziel 中日帰り旅行先 / nett 形素敵な / Kirschblüte 女桜の花

D Welche Tagesausflüge sind von Osaka aus zu empfehlen?
大阪から日帰り旅行するならどこがおすすめですか？

J Kyoto und Nara liegen in der Nähe von Osaka und sind leicht mit dem Zug zu erreichen. Vor allem Kyoto zieht während der Laubfärbung viele Besucher an, wenn der Kontrast zwischen Schreinen, Tempeln und bunten Bäumen besonders schön ist. Im Nara-Park kann man wilde Hirsche beobachten, die als Naturdenkmal gelten. Das Füttern der Hirsche ist grundsätzlich verboten, man kann aber Hirschcracker kaufen und verfüttern. Der „Ijinkan" im Kolonialstil, der früher von Ausländern bewohnt wurde, liegt auf einem Hügel in Kobe und bietet einen Panoramablick auf die Stadt. Sehr attraktiv ist auch der Biwa-See, der größte See Japans, in der Präfektur Shiga.

京都や奈良は，大阪から程近く電車で行けて便利です。紅葉の時期の京都は，神社仏閣と色づいた木々のコントラストがとりわけ美しく，多くの人を引きつけます。奈良公園では天然記念物に指定されている野生の鹿を見ることができますが，餌やりは原則禁止です。でも，鹿せんべいを買って与えることは可能ですよ。また神戸では，かつて外国人が住んでいたコロニアル様式の異人館が高台にあり，眼下に神戸の街を堪能できます。日本最大の湖である滋賀県の琵琶湖も魅力的です。

単語 verfüttern　餌として用いる / Kolonialstil　男コロニアルスタイル / auf einem Hügel　丘の上に

68 Freizeitparks
テーマパーク

D **Welche Freizeitparks gibt es in Japan?**
日本のテーマパークにはどんなものがありますか？

J Große Freizeitparks wie Tokyo Disneyland (TDL), Tokyo DisneySea (TDS) und Universal Studios Japan (USJ) in Osaka sind sehr bekannt und man braucht mehr als einen Tag, sie zu besuchen. Paraden und Feuerwerke finden zu verschiedenen Zeiten statt, so dass es wichtig ist, gut vorzuplanen. Der Ashikaga Flower Park in Tochigi und Nabana-no-Sato in Mie, einer der größten Blumen-Freizeitparks in Japan, sind ebenfalls sehr beliebt. Es ist ratsam, im Voraus Eintrittskarten zu kaufen und sich über Einschränkungen beim Mitbringen von Speisen und Getränken zu informieren.

東京ディズニーランド（TDL），東京ディズニーシー（TDS），ユニバーサルスタジオジャパン（USJ）などの大型テーマパークが有名で，いずれも一日では回りきれないほどです。パレードや花火も時間帯が異なるので，事前に計画を練っておくのが重要です。栃木の「あしかがフラワーパーク」や三重にある日本最大級のフラワーパークのひとつ「なばなの里」も人気です。あらかじめ入場券の購入をし，飲食持ち込み制限を確認しておきましょう。

単語 vorplanen あらかじめ計画する / ratsam 形 勧めるに値する / Einschränkung 女 制限 / Speise 女（調理された）食べ物

Gibt es Anime-Freizeitparks?

アニメ関連のテーマパークはありますか？

J Es gibt mehrere Museen, die berühmten Zeichnern und Animationskünstlern gewidmet sind. Im Ghibli-Museum in Mitaka in Tokio kann man alte und neue Werke von Hayao Miyazaki sehen. In Takarazuka in Hyogo gibt es ein Museum für Osamu Tezuka, dessen Werke „Adolf", „Astro Boy" usw. sehr bekannt sind. In Kawasaki in Kanagawa befindet sich das Fujio F. Fujiko Museum, das uns die „Doraemon"-Welt zeigt. Außerdem gibt es Hotels, in denen die Besucher in die Welt der Disney- und Sanrio-Figuren eintauchen können. Darüber hinaus wurde auf dem Gelände der EXPO 2005 in Aichi der Ghibli-Park errichtet. Im Jahr 2013 wurde die Warner Bros. Studio Tour Tokyo eröffnet, in der die Besucher einen Blick hinter die Kulissen der Harry-Potter-Filme werfen können.

　有名な漫画家やアニメーション作家の記念館がいくつかあります。東京の三鷹にある宮崎駿のジブリ美術館では，彼の新旧の作品を見ることができます。兵庫の宝塚には手塚治虫の記念館があります。『アドルフに告ぐ』『鉄腕アトム』などの作品が有名です。神奈川の川崎にある藤子・F・不二雄ミュージアムでは，ドラえもんワールドが見られます。ディズニーやサンリオのキャラクターの世界に浸れるホテルもありますよ。さらに，2005年に愛知で開催された万博跡地にはジブリパークが建てられ，2013年には映画ハリーポッターの舞台裏を垣間見られる施設「ワーナーブラザース・スタジオツアー東京」がオープンしました。

単語 Zeichner 男 デッサン画家 / Animationskünstler 男 アニメーション作家 / in ... eintauchen　〜へ潜る / auf dem Gelände　敷地で / einen Blick hinter die Kulissen werfen　舞台裏をのぞく

D **Gibt es noch andere Orte, die Sie empfehlen würden?**

ほかにおすすめの場所がありますか？

J In Kanda Jimbocho in Tokio reihen sich fast 130 Antiquariate aneinander, die wie ein Vergnügungspark für Bücher wirken. Bücherfreunde werden die Atmosphäre genießen. Im Herbst findet ein einwöchiges Antiquariatsfestival statt, bei dem viele Antiquariate ihre Waren auf Ständen verkaufen.

東京の神田神保町には 130 軒近くの古書店が軒を連ね，まるで本のテーマパークのようです。本好きならきっと雰囲気を楽しめるでしょう。秋には一週間，古本祭りが開かれ，数多くの古書店がブースで本を販売しています。

単語 Antiquariat 中古書店 / einwöchig 形一週間の

69 Heiße Quellen (*Onsen*)

温泉

D | **Wo liegen die bekanntesten heißen Quellen in Japan?**

日本には温泉がありますが，有名どころを教えてください。

J | Die Japaner lieben heiße Quellen (*Onsen*). Es gibt sie überall in Japan, aber die bekanntesten sind Kusatsu in der Präfektur Gunma, Gero in Gifu, Beppu in Oita, Dogo in Ehime, Hakone in Kanagawa, Noboribetsu in Hokkaido und Arima in Hyogo. Die verschiedenen heißen Quellen haben unterschiedliche Farben, Gerüche und Wirkungen. Je nach Temperatur der Quelle sind einige beheizt oder ihnen wird kaltes Wasser zugesetzt, während andere frei fließen. In vielen Fällen kann man auch im Freien baden. Einige gehobene Hotels bieten zusätzlich Schönheitsbehandlungen und Massagen an. Je nach Unterkunft kann man auch nur baden, ohne zu übernachten.

日本人はとても温泉好きと言えるでしょう。各地に温泉がありますが，特に有名なのは，群馬県の草津，岐阜県の下呂，大分県の別府，愛媛県の道後，神奈川県の箱根，北海道の登別，兵庫県の有馬です。温泉は多様で，さまざまな色と臭い，そして効能があります。源泉の温度により，加温や加水をするところや源泉かけ流しのところがあります。多くの場合，露天風呂も楽しめますよ。高級旅館やホテルではエステやマッサージできるところがあり，宿によっては日帰り入浴も可能です。

D | **Sind Saunen beliebt?**

サウナは人気がありますか？

J Ja, sie sind in den letzten Jahren sehr populär geworden. In den meisten *Onsen* gibt es auch Saunen, aber viele auf Sauna spezialisierte Einrichtungen haben keine *Onsen*, wo eine große Auswahl an Saunen, einschließlich Hochtemperatur- und Eissaunen angeboten wird. In *Onsen* und Saunen wird grundsätzlich keine Badekleidung getragen, und in den meisten Fällen sind Männer und Frauen getrennt. Viele Menschen gehen allein in die *Onsen* und Saunen, um Müdigkeit und Stress abzubauen.

はい，ここ数年で非常に人気が出ました。たいていの温泉施設にはサウナもありますが，サウナに特化した施設には温泉がないところもよく見かけます。そのようなサウナでは高温サウナやアイスサウナなど種類も多岐にわたります。温泉やサウナでは，基本的に水着を着用せず，ほとんどの場合，男女別に入ります。ひとりで行く人も多く，疲労回復やストレス解消に役立っています。

単語 Badekleidung 囡水着 / getrennt 形別々の

D Was ist ein Super-*Sento*?
スーパー銭湯とは何ですか？

J Ein *Sento* ist eine lokale Badeanlage, in der das Baden der Hauptzweck ist. Super-*Sentos* sind eher Freizeiteinrichtungen. Sie bieten verschiedene Arten von Bädern und Whirlpools und können auch Essbereiche, Ruhezonen, Spielautomaten und Karaoke-Räume haben. Obwohl die Zahl der *Sentos* immer weiter abnimmt, entspannen sich die Japaner gerne in großen Badewannen und besuchen daher manchmal *Sentos* und Super-*Sentos*.

銭湯は入浴を主目的とする地域の入浴施設です。スーパー銭湯は，むしろレジャー施設です。さまざまなタイプの風呂やジャグジーがあり，食事処，休憩所，ゲームマシン，カラオケルームが併設されていることもあります。銭湯の数は減少し続けていますが，日本人は大きなお風呂に入ってリラックスすることが好きなので，時々銭湯やスーパー銭湯を訪れます。

単語 Badeanlage 囡入浴施設 / Essbereich 男食事スペース

70 UNESCO-Welterbe

世界遺産

D **Wie viele und welche Welterbestätten gibt es in Japan?**

日本にはどんな種類の世界遺産が，いくつ登録されていますか？

J Seit 2023 gibt es in Japan 25 Welterbestätten. Davon sind fünf Natur- und 20 Kulturerbestätten. Zu den Naturerbestätten gehören das Shirakami-Gebirge und die Insel Yakushima. Zu den Kulturerbestätten gehören die buddhistischen Monumente in der Region Horyu-ji, Himeji-jo und natürlich der Berg Fuji. Es gibt 39 kombinierte Welterbestätten, aber leider keine in Japan.

世界遺産は日本には 2023 年現在 25 件あります。そのうち自然遺産が 5 件，文化遺産が 20 件です。自然遺産には白神山地，屋久島があります。文化遺産には法隆寺地域の仏教建造物や姫路城，そしてもちろん富士山も入っています。世界には複合遺産が 39 か所存在しますが，日本には残念ながらありません。

単語 Welterbestätte 女世界遺産 / Naturerbstätte 女自然遺産 / Kulturerbstätte 女文化遺産 / kombinierte Welterbestätte 複合世界遺産

D **Gibt es Einschränkungen für Aktivitäten in den Welterbestätten?**

世界遺産での行動制限はありますか？

J Auf der Insel Iriomote gibt es Zugangsbeschränkungen wegen der großen Zahl von Touristen. Die Zahl der Touristen steigt, wenn ein Ort

Welterbe wird. Daher ist es wichtig, Übertourismus zu bekämpfen und das Ökosystem zu schützen. Bitte reisen Sie verantwortungsvoll und nehmen Sie bitte Ihren Müll wieder mit.

西表島は，観光客が多いため入島制限が行われています。世界遺産に登録されると観光客が増加しますから，オーバーツーリズム対策や生態系の保護は重要です。訪れる際には責任ある行動を取り，ゴミは持ち帰ってくださいね。

単語 Zugangsbeschränkung 女立ち入り制限 / Übertourismus 男オーバーツーリズム / bekämpfen 戦う / Ökosystem 中生態系 / verantwortungsvoll 形責任の重い

D Welche neuen Welterbestätten gibt es?
新たに増えた世界遺産にはどこがありますか？

J 2013 wurde der Berg Fuji als „Heiliger Ort und Quelle künstlerischer Inspiration" in die Welterbeliste aufgenommen. Auf dem Gipfel des Berges befindet sich auch der Sengen-Schrein, der der Bekämpfung von Eruptionen gewidmet ist. Im Jahr 2021 wurden die Inseln - Amami Oshima, Tokunoshima, Iriomote und der nördlichen Teil der Insel Okinawa - in die Liste des Weltnaturerbes aufgenommen, während die 17 prähistorischen Stätten aus der Jomon-Zeit in Nordjapan in die Liste des Weltkulturerbes aufgenommen wurden. Die Jomon-Ruinen sind ein kulturelles Erbe, das den Lebensstil und die spirituelle Kultur der Menschen widerspiegelt, die hier über 10.000 Jahre lang durch Sammeln, Fischen und Jagen gelebt haben.

2013 年には富士山が「信仰の対象と芸術の源泉」として世界文化遺産に登録されました。山頂には噴火を鎮めるといわれる浅間神社があります。2021 年には，奄美大島，徳之島，沖縄島北部および西表島の 4 エリアが世界自然遺産に，また北日本にある 17 の遺跡からなる縄文遺跡群が世界文化遺産に登録されました。縄文遺跡群は，1 万年以上にわたり採集・漁労・狩猟により定住した人々の生活と精神文化を伝えている文化遺産です。

単語 auf dem Gipfel 頂上で / in die Liste aufnehmen リストに載せる / widerspiegeln 映し出す 参照 →71. 富士山

71 Der Fuji

富士山

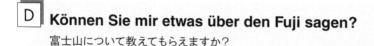

D **Können Sie mir etwas über den Fuji sagen?**

富士山について教えてもらえますか？

J Der Fuji ist ein aktiver Vulkan mit einer Höhe von 3776 m über dem Meeresspiegel. Er gehört zu keinem Gebirge. Er liegt in den Präfekturen Shizuoka und Yamanashi und ist mehr als 10 Mal ausgebrochen, aber seit dem Hoei-Ausbruch im Jahr 1707 ist er ruhig.

富士山は海抜 3776m の活火山で独立峰です。静岡県と山梨県にまたがっていて，これまで 10 回以上噴火しましたが，1707 年の宝永噴火以来，今日まで静穏な状態を保っています。

単語 über dem Meeresspiegel　海抜 / gehören zu keinem Gebirge　どの山脈にも属さない / ausbrechen　噴火する / ruhig　形静かな

D **Was kann man am Fuji unternehmen?**

富士山では何ができますか？

J Bergsteigen und Trailrunning sind möglich, Bouldern und Skifahren nicht. Viele Menschen übernachten in Hütten in der Nähe der Bergspitze, um den Sonnenaufgang zu beobachten. Die Wege sind zu steil und mit Lava übersät, um sie mit einfacher Wanderausrüstung zu besteigen. Um den Gipfel zu erreichen, muss man gut vorbereitet sein, mit Kletterschuhen, geeigneter Kleidung und einem schnellen Kalorienspender.

登山やトレイルランは可能ですが，ボルダリングやスキーはできません。頂上に近い山小屋に泊まり，ご来光を見に行く人も大勢います。登山道は急な斜面が溶岩で覆われているので，気軽なハイキングスタイルでの登山は容易ではありません。頂上を目指すのであれば，登山靴と適切な服装，手軽にエネルギー補給できる行動食を用意するなどしっかりした備えが必要です。

単語 mit ... übersät ～で一面覆われた / Wanderausrüstung 囡ハイキングの装備 / Kalorienspender 男行動食

D | Warum ist der Fuji so beliebt?
富士山はなぜそんなに人気があるのですか？

J | Die Schönheit des Fuji zieht das ganze Jahr über Menschen an, und er wird seit jeher als heiliger Berg verehrt. Im „ersten Traum" des neuen Jahres den Fuji zu sehen, soll Glück bringen. In vielen Teilen Japans gibt es Berge, die dem Fuji ähneln und deshalb den Namen „Fuji" tragen. Der Yotei in Hokkaido heißt zum Beispiel „Ezo Fuji". Hänge mit Blick auf den Fuji werden oft „Fujimizaka" (Aussichtshang auf den Fuji) genannt.

富士山の見せる美しい姿は一年を通して人々を魅了します。富士山は昔から神聖な山として信仰されてきました。新年の「初夢」に，富士山を見ると縁起がいいとされています。日本各地には，富士山に似た山に「富士」の名がついているものがあります。たとえば，北海道の羊蹄山は「蝦夷富士」と呼ばれています。富士山が望める坂は「富士見坂」と名づけられることもよくあります。

単語 ähneln 似ている / Hang 男坂

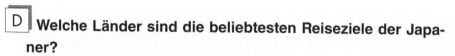

72 Auslandsreisen

海外渡航

D | Welche Länder sind die beliebtesten Reiseziele der Japaner?

日本人の好む旅行の行き先はどこですか？

J | Mehr als 20 Millionen Menschen sind 2019 von Japan aus ins Ausland gereist. Die beliebtesten Reiseziele sind die USA, China, Südkorea, Taiwan und Thailand. Wenn wir Japaner nach Europa fahren, unternehmen wir Rundreisen, die uns innerhalb weniger Tage in viele verschiedene europäische Länder führen. Bei älteren Menschen, die mehr Zeit haben, sind auch Kreuzfahrten beliebt. Auch die Flitterwochen dauern meist nur etwa eine Woche, so dass man nicht allzu lange an einem Ort bleibt. Immer häufiger werden auch Wochenendausflüge in nahe gelegene asiatische Länder unternommen.

2019年には日本からの海外旅行者は2000万人を超えました。旅行先としては，米国，中国，韓国，台湾，タイが人気です。日本人が欧州に出かけるときは，欧州各国を数日で回るようなツアー旅行をします。時間がある年配者にはクルーズ旅行も人気ですが，新婚旅行でさえも1週間程度が一般的なので，1か所にあまり長くとどまることができません。週末を利用して，気軽に近場のアジア諸国へ出かけるケースも増えています。

D | Machen junge Japaner auch „Working Holiday"?

日本の若者もワーキングホリデーに行きますか？

J Die Zahl der Studenten, die im Ausland studieren wollen, nimmt von Jahr zu Jahr ab, aber es gibt einige, die nach dem Berufseinstieg für kurze Zeit im Ausland jobben. Kanada, Großbritannien, Australien und Neuseeland sind aufgrund der Visums- und Sprachanforderungen die beliebtesten Ziele, aber einige entscheiden sich auch für Deutschland, wo die Bewerbungsanforderungen relativ locker sind.

留学を志望する学生は年々減る傾向にありますが，いったん社会に出てからワーキングホリデーに行く人も見られます。ビザや語学の面からカナダ，イギリス，オーストラリア，ニュージーランドが滞在先として好まれていますが，比較的応募条件が緩いドイツを選ぶ人もいます。

単語 Berufseinstieg 男社会人デビュー / Bewerbungsanforderung 女応募の際に求められるもの

D Was sind die beliebtesten Länder für ein Auslandsstudium?

人気の留学先はどこですか？

J Die USA und Großbritannien sind nach wie vor sehr beliebt, aber auch europäische Länder wie Deutschland und Frankreich sind beliebte Ziele. Viele Studenten gehen oft nicht nur für die Spracherwerbung, sondern auch für die Forschung ins Ausland. Musikstudenten wollen oft in Österreich oder Deutschland studieren. Da jedoch die deutsche Sprachprüfung (GER B1) obligatorisch ist, sind die Sprachkenntnisse manchmal ein größeres Problem als die praktischen Fähigkeiten.

アメリカ，イギリスは相変わらず人気ですが，ドイツ，フランスなど欧州諸国も留学先によく選ばれています。言語習得だけではなく研究のために留学を志す学生も少なくありません。音楽大学の学生は，よくオーストリアやドイツへの留学を志望しますが，ドイツ語検定試験（CEFR B1 レベル）の取得が必須なので，実技よりも語学力が大きなハードルになることもあるようです。

単語 Spracherwerbung 女言語習得 / Sprachprüfung 女語学試験 / Sprachkenntnisse 複語学力

73 *Ryokan* und *Minpaku*

旅館・民泊

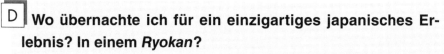

D **Wo übernachte ich für ein einzigartiges japanisches Erlebnis? In einem *Ryokan*?**

日本ならではの体験をするにはどんなところに泊まればいいですか？　旅館ですか？

J Ja, in einem traditionellen, luxuriösen *Ryokan* werden Sie von der Wirtin im Kimono begrüßt und in ein geräumiges Tatami-Zimmer mit herrlichem Ausblick geführt. Dann können Sie sich auf ein reichhaltiges Essen, heiße Quellen und einen umfassenden Service freuen. Allerdings werden die Preise in der Regel pro Person und nicht pro Zimmer berechnet und sind sehr hoch. In solchen gehobenen *Ryokans* ist es üblich, dem Zimmerpersonal ein Trinkgeld zu geben, aber das ist nicht obligatorisch, da die Servicegebühr im Zimmerpreis enthalten ist. *Ryokans* unterscheiden sich stark in der Qualität der Zimmer, der Mahlzeiten und der Übernachtungspreise. Es ist daher zu empfehlen, sich im Voraus zu informieren und zu buchen. Viele Hotels bieten auch Zimmer im japanischen Stil und japanisches Essen an. Bei Zimmern im japanischen Stil kommt das Gastpersonal morgens und abends ins Zimmer, um Futons auszulegen oder aufzuräumen.

　老舗高級旅館では，着物を着た女将に出迎えられ，見晴らしのいい広い畳の部屋に案内され，豪華な食事や温泉，十分なサービスを堪能できるでしょう。ただ，料金は部屋ごとではなく，基本的に一人あたりの設定ですし，高額になります。そのような高級旅館では客室係にお心付けを渡すこともよくありますが，宿泊料にサービス料が含まれているので義務ではありません。旅館とは言っても，部屋の格や食事や宿泊

料に幅があるので，事前に調べて予約するといいですね。ホテルでも和室や和食が楽しめるところもたくさんあります。和室の場合は，布団の上げ下げがあるので朝晩に宿の人が部屋に入ってきます。

D Wie finde ich eine günstige Unterkunft, wenn ich länger bleiben möchte?

安く長期滞在するにはどうすればいいですか？

J Sie können ein Privatzimmer für einen längeren Zeitraum zu einem niedrigeren Preis mieten. Dies wird *Minpaku* genannt. Das kann ein Zimmer in einer Wohnung oder einem Haus sein. Im Vergleich zu Hotels und *Ryokans* bieten sie nicht das gleiche Niveau an Service. Sie sind für einen längeren Aufenthalt erschwinglicher, aber da sie sich von Gastfamilien unterscheiden, gibt es nicht viel Kontakt zu Japanern. Die Zimmer werden gereinigt, aber bei längeren Aufenthalten normalerweise nicht täglich.

個人の部屋を借りて安く長く泊まることができますが，これは民泊と呼ばれます。マンションや一軒家の一室のこともあります。ホテルや旅館と比較すると，多くのサービスは望めません。長期滞在の人にはリーズナブルですが，ホームステイとは異なるので日本人との交流はあまりないでしょう。掃除はしてくれますが，長期滞在の場合は毎日掃除が入らないほうが一般的です。

D Kann ich in einem *Ryokan* in einem Bett schlafen?

旅館でもベッドで寝ることができますか？

J Ja, das ist möglich. Einige *Ryokans* haben auch Betten. Es ist ratsam, sich vorher zu erkundigen.

はい。旅館によってはベッドもありますよ。事前に問い合わせをするのがいいでしょう。

74 Souvenirs

おみやげ

D **Welche Souvenirs sind bei Ausländern besonders beliebt?**

外国人にはどんなおみやげが人気ですか？

J Zu den beliebtesten Souvenirs aus Japan gehören berühmte Süßigkeiten und Kunsthandwerk aus verschiedenen Regionen. Kimonos sind teuer und schwer anzuziehen, daher sind Yukata zu empfehlen. Yukata sind auch praktisch, da sie nach dem Baden anstelle eines Bademantels getragen werden können. Empfehlenswert sind auch *Furoshiki*, die nach japanischer Art aus Stoff hergestellt werden. Neben der ursprünglichen Verwendung zum Einwickeln und Tragen von Gegenständen kann ein *Furoshiki* auch als Schal verwendet werden. Beliebte Souvenirs sind auch Elektrogeräte, Kosmetika und Schmuck „Made in Japan".

日本からのおみやげとしては各地の銘菓類や民芸品などがあります。着物は高価な上，着付けが難しいので浴衣がおすすめです。浴衣はお風呂上がりにバスローブ代わりに着るなど実用性もあります。和風の布で作られる風呂敷もいいですよ。物を包んで持ち歩く本来の使用法のほか，スカーフにすることもできますから。また，Made in Japan の電化製品や化粧品，ジュエリーなどもおみやげとして人気があります。

参照 → 16. 着物

D **Wie sieht es mit Alkohol aus?**

アルコール類はどうですか？

J Sake und *Shochu* sind beliebte Souvenirs. Sake ist ein Reiswein. *Shochu* ist eine Art Schnaps, der aus Getreide und Süßkartoffeln destilliert wird. Die Etiketten und Verpackungen auf den Flaschen sind oft sehr schön und wirken sehr japanisch. Da die Flaschen sehr schwer sind, kaufen Sie sie am besten in den Duty-Free-Shops der Flughäfen.

日本酒や焼酎はおみやげとして人気です。日本酒は米のワインで，焼酎は穀物やサツマイモから作られる蒸留酒（シュナップス）の一種です。ボトルのラベルやパッケージは，とても美しいことが多く，日本を感じられるようになっています。ボトルは重いので，空港の免税店で購入するのが一番です。

単語 Verpackung 女包装 参照 → 25. 酒

D Wo kann ich außer in Touristenläden noch Souvenirs kaufen?

観光客向けのお店以外では，どこでおみやげ品を買えますか？

J Viele Kaufhäuser in großen Städten haben englischsprachige Mitarbeiter an den Informationsschaltern, so dass Sie leicht finden, was Sie suchen. Die meisten Kaufhäuser und Einkaufszentren verkaufen japanisches Geschirr und Gebrauchsgegenstände im japanischen Stil. Wenn Sie auf der Suche nach Elektrogeräten sind, können Sie diese in den Elektrofachgeschäften in Großstädten wie Shinjuku kaufen, wo Sie auch von der Mehrwertsteuer befreit werden können. Kleine Souvenirs gibt es sicher in den 100-Yen-Läden.

大都市にあるデパートでは，たいていインフォメーションカウンターに英語が話せるスタッフが常駐しているので，手に入れたいものを簡単に探すことができるでしょう。ほとんどのデパートやショッピングモールでは，和食器や和風の雑貨を取り扱っています。電化製品なら，新宿のような大都市の家電量販店で購入すれば，問題なく免税してもらえるはずです。ちょっとしたおみやげは 100 円均一ショップできっと見つかりますよ。

単語 Informationsschalter 男インフォメーションカウンター / Geschirr 中食器 / Gebrauchsgegenstand 中日用品 / befreien 免除する

75 Sport

スポーツ

D **Welche Sportarten werden in Japan gern angesehen?**

日本ではどんなスポーツ観戦が盛んですか？

J Baseball ist in allen Altersgruppen populär. Fußball ist vor allem bei jungen Leuten beliebt, Sumo bei den Älteren. Die Zahl der Baseballfans liegt bei etwa 21 Millionen, die der J-League-Fußballfans bei etwa 8 Millionen. Die nationalen Oberschul-Baseballmeisterschaften im Sommer, bei denen Schüler aus dem ganzen Land gegeneinander antreten, werden im Fernsehen übertragen und sind zu einer Sommertradition geworden.

野球は年代を問わず人気です。サッカーは若者を中心に，相撲はとりわけ年配者に人気があります。プロ野球ファンの人口は約2100万人で，サッカーＪリーグファンの人口は約800万人です。全国の高校生が競う夏の全国高等学校野球選手権大会はテレビ中継され，夏の風物詩になっています。

> **単語** Baseballmeisterschaften 〔複〕野球選手権大会 / gegeneinander antreten　対戦する / im Fernsehen übertragen　テレビ中継する / Sommertradition　〔女〕夏の伝統

D **Was sind die beliebtesten Sportarten der Japaner?**

日本人はどんなスポーツをするのが好きですか？

J Baseball, Fußball, Tennis und Tischtennis sind Sportarten, die viele von klein auf mit der Familie und Freunden betreiben. Manche Eltern schicken ihre Kinder schon vor der Schule zum Schwimmunterricht. In den Mittel- und Oberschulen gibt es Sportclubs, und einige Schüler nehmen mit Begeisterung an Wettkämpfen teil. Leichtathletik, Basketball, Volleyball, Badminton und Tanzen sind beliebte Sportarten. Für die breite Öffentlichkeit gibt es eine Vielzahl von populären Sportarten wie Schwimmen, Joggen, Bergsteigen, Tischtennis und Golf.

　野球やサッカー，テニス，卓球などは小さい頃から家族や友達と楽しんでいる人が多いようです。就学前から子どもをスイミングスクールに行かせる親もいます。中学校や高校の部活には運動部があり，熱心に大会に参加する生徒もいます。陸上，バスケットボール，バレーボール，バドミントン，ダンスが人気の種目です。一般には，水泳，ジョギングや登山，卓球，ゴルフなどさまざまなスポーツが親しまれています。

単語 von klein auf　小さい頃から / betreiben　（スポーツを）する / mit Begeisterung　夢中になって

D | Ist Fußball in Japan so populär wie in Deutschland?
日本ではドイツのようにサッカーが盛んですか？

J | Fußball ist in Japan sehr beliebt, was zum Teil auf den Erfolg von Spielern zurückzuführen ist, die ins Ausland gegangen sind. Das häufigste Ziel dieser Spieler ist Deutschland. Auch die Fußballweltmeisterschaft wird von vielen Japanern mit großer Begeisterung verfolgt. Allerdings ist Fußball in Japan nicht so populär wie in Deutschland.

　サッカーは海外進出した選手の活躍のおかげもあり，大変人気です。サッカー選手の海外移籍先として最も多いのはドイツです。FIFA ワールドカップも多勢の日本人が熱中して見守ります。ただし，ドイツほど盛んというわけではありません。

単語 auf ... zurückführen　〜に帰する / Fußballweltmeisterschaft　囡サッカーワールドカップ / verfolgen　注意深く見守る

Olympische Spiele, Weltmeisterschaft und EXPO

オリンピック，ワールドカップ，万国博覧会（EXPO）

D | Wann und wo fanden in Japan Olympische Spiele statt?

日本ではオリンピックはいつ，どこで開催されましたか？

J | Japan war zweimal Gastgeber der Olympischen Sommerspiele und zweimal Gastgeber der Olympischen Winterspiele. Die Sommerspiele fanden 1964 und 2021 in Tokio statt. Eigentlich sollten die Olympischen Spiele 2020 stattfinden. Wegen der Corona-Katastrophe mussten sie jedoch um ein Jahr verschoben werden. 2021 konnten sie dann stattfinden, allerdings ohne Zuschauer. Die Olympischen Winterspiele fanden 1972 in Sapporo und 1998 in Nagano statt. Die für 1940 geplanten Olympischen Spiele in Sapporo und Tokio wurden vor allem wegen des Japanisch-Chinesischen Krieges (1937-1945) abgesagt.

　日本での開催は夏季大会2回，冬季大会2回です。夏季大会は1964年と2021年，ともに東京で開催されました。2020年に開催予定だった東京オリンピックは，コロナ禍のため1年延期を余儀なくされましたが，2021年に無観客で開催に至りました。冬季大会は1972年には札幌で，1998年には長野で開催されました。1940年に札幌，東京で開催予定だったオリンピックは，日中戦争（1937〜1945年）を主な理由として大会返上となりました。

D | In welchen Sportarten hat Japan die meisten Medaillen gewonnen?

　日本のメダルが多い種目はなんですか？

J Japan hat bisher in rund 40 Disziplinen Medaillen gewonnen, im Sommer in den Sportarten Turnen, Judo und Schwimmen, im Winter in den Sportarten Eisschnelllauf, Skispringen und Eiskunstlauf, und zwar in dieser Reihenfolge.

夏季大会は，体操，柔道，競泳，冬季大会はスピードスケート，スキージャンプ，フィギュアスケートの順でメダル数が多く，日本は今までに約 40 種目でメダルを獲得しました。

単語 Disziplin 囡種目 / Eisschnelllauf 團スピードスケート / Eiskunstlauf 團フィギュアスケート

D Wann fand die Fußballweltmeisterschaft in Japan statt?

サッカーのワールドカップが日本で開催されたのはいつでしたか？

J Die FIFA-Fußball-Weltmeisterschaft 2002 wurde gemeinsam mit Südkorea ausgetragen. Die FIS Alpinen Skiweltmeisterschaften fanden übrigens 1993 in Shizukuishi in der Präfektur Iwate statt.

2002 FIFA サッカーワールドカップは韓国と共同開催されました。ちなみに，FIS アルペンスキー世界選手権は 1993 年に岩手県雫石で開かれました。

単語 übrigens ところで

D Wie oft war Japan schon Gastgeber einer EXPO?

日本で万博は何度開催されましたか？

J Insgesamt fünfmal. 2025 findet sie zum dritten Mal in Osaka statt. Die EXPO, an der Japan zum ersten Mal teilnahm, fand 1873 in Wien statt.

合計 5 回です。2025 年には 3 度目の万博が大阪で開かれます。日本として初めて万博に参加したのは，1873 年のウィーン万博です。

77 Glücksspiele
賭け事

D **Gibt es öffentliche Glücksspiele in Japan?**

日本に公営ギャンブルはありますか？

J Es gibt vier Arten öffentlicher Glücksspiele. Das sind Pferderennen, Fahrradrennen, Motorradrennen und Bootsrennen. Am beliebtesten sind Pferderennen. Fast täglich findet ein Rennen statt. Sehen Sie sich das doch mal an.

4つの公営ギャンブルがあります。競馬，競輪，オートレース，そして競艇です。この中でも競馬が一番の人気です。毎日のようにレースがあるので一度観戦してみてはどうですか？

単語 Glücksspiel 中賭け事

D **Gibt es Casinos?**

カジノはありますか？

J Schätzungsweise 3 Millionen Menschen in Japan spielen gerne in Online-Casinos, die von Ausländern betrieben werden. Grundsätzlich sind Casinos in Japan, auch online, illegal. Das neue Casinogesetz erlaubt die Errichtung von bis zu drei integrierten Resorts (IR), einschließlich Casinos, im ganzen Land. Wenn Sie in Japan ein Casino besuchen möchten, sollten Sie sich vorher erkundigen, ob es legal ist oder nicht.

外国人運営によるオンラインカジノを日本で楽しむ人は，約300万人と言われます

が，基本的にオンラインであっても日本国内でのカジノは違法です。カジノ法案により，カジノを含む IR（統合型リゾート）が全国で 3 か所まで設置されるはずなので，日本でカジノを楽しむ場合は，合法なのかどうか，事前に調べておくといいでしょう。

単語 illegal 形違法の / Errichtung 女創立

D Verursacht das Glücksspiel soziale Probleme?

ギャンブルは社会問題の原因になりますか？

J Ja, Glücksspiel kann soziale Probleme verursachen. Glücksspiel kann zur Sucht werden und zur Abhängigkeit führen. Aus diesem Grund wird jedes Jahr berichtet, dass die Kinder mitten im Sommer in Autos ohne Klimaanlage zurückgelassen werden und durch Hitzschlag sterben, während ihre Eltern *Pachinko* spielen. Außerdem gibt es immer wieder Skandale um illegales Glücksspiel von Sportlern und Prominenten.

　はい，なりえます。ギャンブルは夢中になると中毒となり，依存状態を引き起こしかねません。そのため，親がパチンコをしている最中に，真夏のエアコンなしの車中に子どもを放置し，熱中症で死亡させるといった事件が毎年のように報道されます。また，スポーツ選手や芸能人の違法賭博によるスキャンダルも絶えません。

単語 Abhängigkeit 女依存 / Hitzschlag 男熱中症 / Prominent 男著名人

D Gibt es Lotterien? Wo kann ich ein Los kaufen?

ロトはありますか？　ロトはどこで買えますか？

J Es gibt verschiedene Arten von Lotterien, die an Ständen oder online gekauft werden können. Es gibt auch Lotterien wie den „Sommer-Jumbo" und den „Jahresend-Jumbo" mit hohen Gewinnsummen.

　いろいろな種類のロトや宝くじは，宝くじ売り場やネットで買うことができます。当選金額が高額の「サマージャンボ」や「年末ジャンボ」などの宝くじもあります。

78 Musik
音楽

D **Welche Musik hören die Japaner?**

日本人はどんな音楽を聴きますか？

J Klassische und westliche Musik werden von allen Altersgruppen bevorzugt. J-Pop, Rock, K-Pop und Anime-Songs sind ebenfalls beliebt, vor allem bei jungen Leuten. Es gibt auch eine japanische musikalische Gattung, *Enka*. Sie zeichnet sich durch einzigartige Melodien und Texte über tragische Liebesgeschichten aus.

年齢を問わずクラシック音楽や洋楽が好まれています。また，若者を中心に J-POP，ロック，K-POP，アニメソングも人気です。演歌と呼ばれる日本の音楽ジャンルもありますが，これは特有のメロディーと男女間の切ない情愛を歌った歌詞が特徴的です。

単語 Gattung 女 ジャンル / einzigartig 形 比類のない / tragisch 形 悲劇的な

D **Welche Arten traditioneller Musik gibt es?**

伝統的な音楽にはどんなものがありますか？

J Ähnlich wie in Deutschland gibt es auch in Japan Volksmusik „*Min-yo*". Sie ist eng mit den phonetischen Merkmalen der japanischen Sprache verbunden und spiegelt oft die Emotionen des Lebens und regionale Besonderheiten wider. Neben den Liedern, die während der Arbeit gesungen werden, gibt es auch Schlaflieder und Festgesänge.

日本にもドイツの Volksmusik（民族音楽）にあたる，民謡というジャンルがあります。日本語の発音上の特性と密接に結びついて，生活感情や地域性をよく反映しています。労働の際に歌われた労作歌のほかに，子守歌や祝い歌もあります。

単語 phonetisch 〔形〕音声の / Schlaflied 〔中〕子守歌 / Festgesang 〔男〕祝い歌

D Wie oft finden Konzerte statt?

コンサートはよく開催されていますか？

J Von kleinen Konzerten bis hin zu großen Festivals findet fast jeden Tag etwas statt. Neben Konzerten sind Opern und Musicals beliebt. Obwohl die Musikveranstaltungen mit ausländischen Gastmusikern viel kosten, wird ihnen großes Interesse gezeigt.

小さいライブから大きなフェスティバルまでほとんど毎日，何かしら開催されています。コンサートのほか，オペラやミュージカルも人気です。外国人アーティストらによる催しは高額ですが大きな関心を集めています。

単語 Interesse zeigen 関心を示す / Musikveranstaltung 〔女〕音楽イベント

D Wo kann ich Tickets kaufen? Sind die Karten noch am selben Tag erhältlich?

チケットはどこで買えますか？ 当日券もありますか？

J Eintrittskarten können im Voraus und je nach Veranstaltung bis zur letzten Minute über verschiedene Ticket-Websites erworben werden. Einige Karten werden im Rahmen einer Verlosung verkauft, bei anderen können Sie Ihren Sitzplatz direkt auswählen. Der Weiterverkauf von Karten für sehr beliebte Veranstaltungen ist zu einem Problem geworden.

あらかじめ各種チケットサイトで購入できますし，公演によっては直前まで買えます。チケットは抽選のものもあれば，直接席を指定できるものもあります。注目を集める公演はチケットの転売が問題視されています。

79 Die Karaoke Box

カラオケボックス

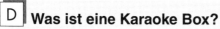

D **Was ist eine Karaoke Box?**

カラオケボックスとはなんですか？

J Anders als deutsche Karaokebars ist eine Karaoke Box ein kleiner Raum, in dem man Karaoke singt und nach Zeit und Anzahl der Personen bezahlt. Für viele Menschen ist Karaoke nicht nur eine angenehme Art zu singen, sondern auch eine Möglichkeit, Stress abzubauen. Das Singen und Trinken mit Arbeitskollegen und Freunden stärkt auch die Kameradschaft und den Zusammenhalt. Viele Japaner sind anfangs etwas zurückhaltend, obwohl sie gerne singen. Deshalb sollten Sie sie auffordern mitzusingen, wenn Sie mit Japanern zum Karaoke gehen.

　ドイツのカラオケバーとは異なり，カラオケボックスは小部屋です。そこでカラオケを歌い，時間と人数に応じて料金を支払います。カラオケは多くの人にとって歌を楽しむだけでなく，ストレスの解消にもなっています。職場の同僚や友達と歌ったり飲んだりすることで仲間意識，絆を強める効果もあります。日本人は歌うのは好きですが，最初は少し抵抗がある人も多いでしょう。ですから日本人とカラオケに行ったら，一緒に歌うように誘ってあげてくださいね。

D **Mit wem singen Sie normalerweise Karaoke und wie lange?**

カラオケでは誰とどのくらい歌うのが一般的ですか？

J Wir gehen oft mit Freunden nach der Schule oder am Wochenende Karaoke singen. Es ist auch nicht ungewöhnlich, mit Familienmitgliedern oder Kollegen zu singen. Solo-Karaoke dient dazu, das Singen zu üben und Stress abzubauen. Meistens wird eine Karaoke Box durchschnittlich zwei bis drei Stunden lang benutzt.

学校帰りや週末に友達と行くことが多いです。家族や会社の同僚と歌うことも珍しくありません。ひとりカラオケは，歌の練習やストレス発散に役立っています。平均2～3時間利用するのが一般的のようです。

単語　ungewöhnlich　形 普通でない

D **Kann ich beim Karaoke auch deutsche Lieder singen?**
カラオケでドイツ語の曲は歌えますか？

J Man kann sowohl englischsprachige Lieder, die in Japan sehr beliebt sind, als auch ein paar deutsche Lieder singen. In vielen Karaoke Boxen findet man Nenas „99 Luftballons", das in Japan ein Hit war.

日本で人気の英語の歌や，ドイツ語でも数曲歌うことができます。たとえばかつて日本でもヒットしたネーナの「ロックバルーンは99」は，多くのカラオケボックスで歌えますよ。

D **Kann ich beim Karaoke essen und trinken?**
カラオケでは飲食もできますか？

J Klar. Bei manchen Karaoke Boxen muss man sogar ein Getränk oder ein Gericht bestellen. Die Preise in den Karaoke-Ketten sind günstig.

もちろんです。ワンドリンクまたは一品の注文が求められるところすらあります。カラオケのチェーン店であれば食事料金もお手頃です。

単語　bestellen　注文する / Kette　女 チェーン店

80 Mangas
マンガ

D Welche Altersgruppen lesen Mangas?
どのような年代の人がマンガを読みますか？

J Das Alter und der Bildungsgrad spielen keine Rolle. Mangas werden sowohl von Kindern als auch von Erwachsenen gern gelesen. Es gibt eine große Bandbreite von Inhalten, darunter Abenteuer, Geschichte, Romantik und Krimi. Viele Mangas wurden verfilmt und in Fernsehserien umgesetzt.

年齢や教育には関係なく，子どもから大人までマンガはよく読まれています。内容も冒険や歴史，恋愛，ミステリーなど幅広く，多くのマンガが映画化やテレビドラマ化されています。

 Bildungsgrad 男 教育レベル / Bandbreite von ... 〜の幅 / verfilmen 映画化する / umsetzen 置き換える

D Sind Anime-Songs in Japan beliebt?
日本ではアニメソングは人気がありますか？

J Ja. Anime-Songs werden manchmal zum Hit, und die Konzerte von Sängern, die Anime-Songs singen, sind nicht mehr selten.

はい。アニメソングはときどきヒットしますし，アニメソングの歌手によるコンサートも珍しくなくなりました。

Cosplay von Anime-Figuren ist in Deutschland beliebt, wie sieht es in Japan aus?

ドイツではアニメの登場人物のコスプレが人気ですが，日本ではどうですか？

J Cosplay von Manga- und Animecharakteren ist nach wie vor sehr beliebt. Im Jahr 2020 kam der Film „Kimetsu no Yaiba" (Demon Slayer) in die Kinos. Danach sah man Menschen aller Altersgruppen, die sich wie die Charaktere aus dem Film verkleidet hatten. Darüber hinaus werden im ganzen Land Cosplay-Veranstaltungen aktiv organisiert. Es gibt auch große Cosplay-Veranstaltungen, die von vielen Ausländern besucht werden.

マンガやアニメの登場人物のコスプレは依然として人気があります。2020 年には映画『鬼滅の刃』が公開され，年齢を問わず登場人物のコスプレが見られたほどです。また全国各地では活発にコスプレイベントが開催されていて，外国人が多勢参加する大々的なコスプレイベントもあります。

D **Werden Mangas noch auf Papier gelesen?**

マンガはまだ紙媒体で読まれますか？

J Mangas werden sowohl in Buchform als auch in Zeitschriften gelesen, aber immer mehr Menschen lesen Manga im E-Book-Format. Manche Leute kaufen nur ihre Lieblingscomics als Taschenbuch und lesen den Rest im E-Book-Format. Der Markt für Mangas im Internet wächst, und einige Websites bieten unbegrenztes Lesen gegen eine monatliche Gebühr an.

マンガは単行本でも雑誌でも読まれますが，電子書籍で読む人も増加しています。お気に入りのマンガだけを文庫本で購入し，それ以外は電子書籍で読むケースもあります。Web マンガ市場は拡大していて，サイトによっては月額料金を支払えば読み放題ですよ。

単語 Buchform 女本の形態 / E-Book-Format 中電子書籍の形態 / Taschenbuch 中文庫本

81 Schönheit und Gesundheit
美容・健康

D **Ich habe gehört, dass sich japanische Frauen gut vor der Sonne schützen. Stimmt das?**

日本人女性はしっかり日焼け対策をしていると聞きました。

J Das stimmt. Fast jeder trägt immer Sonnencreme auf. Sonnenbrillen, Sonnenschirme, Hüte und sogar lange Sonnenschutzhandschuhe werden benutzt, um eine Sonnenbräune zu vermeiden. Viele Japanerinnen wollen für immer weiß bleiben.

そうなのです。ほとんどの人が日々日焼け止めクリームを塗っています。日焼け防止にはサングラスや日傘，帽子，さらには日焼け防止のアームカバーまで使われます。多くの日本人女性はいつまでも色白でいたいのです。

D **Worauf achten die Japanerinnen und Japaner, um schön und gesund zu bleiben?**

日本人は美容健康のためにどんなことに気をつけていますか？

J Vor allem auf Bewegung und Körperhaltung. Viele gehen ins Fitness-studio, um schön und fit zu sein. Man versucht auch, genug zu schlafen, sich gesund zu ernähren und verschiedene Nahrungsergänzungsmittel einzunehmen.

第一に，運動や姿勢に気をつけます。多くの人が美容や健康のためにジムに通っています。また，十分な睡眠や健康的な食事を心がけたり，サプリメントを数種類摂取

したりしています。

D | Gehen Japanerinnen häufig zur Kosmetikerin?
エステをよく利用しますか？

J Das ist von Person zu Person verschieden. Manche gehen aber nicht nur, um sich vor einem wichtigen Ereignis verschönern zu lassen, sondern auch, um sich zu entspannen. Ich habe auch den Eindruck, dass immer mehr Menschen ihre Nägel und Haare für sich färben, nicht um anderen zu gefallen.

人によってさまざまですね。ただ，大事なイベントの前に美しくしてもらおうとするだけでなく，リラックス目的でエステに通う人もいます。同様にネイルアートやヘアカラーも，人への好印象のためよりも，自分のために楽しむ人が多くなったと感じます。

D | Sind Schönheitsoperationen weit verbreitet?
美容整形は一般的ですか？

J Eigentlich nicht, aber die Operation der doppelten Augenlider, die so genannte „Petit Chirurgie", ist bei jüngeren Menschen relativ häufig geworden. Andere gängige chirurgische Eingriffe sind die Haarentfernung und die Laserentfernung von Muttermalen und Leberflecken. Dies ist altersunabhängig. Die kosmetische Chirurgie der Nase und des Kinns ist dagegen noch nicht sehr verbreitet.

そこまでではありませんが，「プチ整形」と言われる二重まぶた施術が若い人の間で比較的ふつうになりました。このほか，年齢にかかわらず，脱毛やホクロやシミのレーザー除去などがよく行われている外科手術です。鼻や顎の美容整形はまだ一般的ではないと言えるでしょう。

単語 doppelte Augenlider 二重まぶた / chirurgischer Eingriff 外科手術 / altersunabhängig 形 年齢にかかわらない

82 Haustiere

ペット

D **Welche Haustiere werden in Japan gehalten?**

日本人はどんなペットを飼っていますか？

J Neben Hunden und Katzen sind auch Nagetiere und Vögel sehr beliebt.

犬，猫のほかに齧歯類や鳥類なども人気があります。

単語 Nagetier 中齧歯類 / Vogel 男鳥

D **Wie werden Haustiere trainiert und transportiert?**

ペットのしつけや移動はどうなっていますか？

J Hunde werden in Japan selten so trainiert wie in Deutschland. Bei Reisen mit öffentlichen Verkehrsmitteln müssen Hunde in einem Käfig oder einer Tasche untergebracht werden.

ドイツのようにしつけられた犬は日本では珍しいでしょう。公共交通手段の移動の際は，ケージやカバンに入れる必要があります。

単語 Käfig 男ケージ / unterbringen 格納する

D **Wie bekomme ich ein Haustier?**

ペットはどのようにして手に入れますか？

J Manchmal kann man ein Haustier von einem Bekannten bekommen oder einen Hund oder eine Katze aus einem Tierheim aufnehmen, aber viele Menschen kaufen sie in Tierhandlungen für mehrere hunderttausend Yen. Tiere aus dem Tierheim sind zwar kostenlos, aber es kann schwierig sein, sie zu zähmen, wenn sie missbraucht oder anderweitig schlecht behandelt wurden. Wenn Sie dennoch ein solches Haustier halten möchten, müssen Sie strenge Bedingungen erfüllen; z. B. Lebensumfeld, Dauer der Abwesenheit von zu Hause usw.

ペットを知人から譲り受けたり，保護犬や保護猫を受け入れたりすることもありますが，ペットショップで購入する人も多くいます。犬や猫の場合，数十万円します。保護犬，保護猫は無料ですが，虐待やひどい扱いを受けていた場合などは，飼い慣らすのが難しいと言われます。それでもそのようなペットを飼いたければ，住環境や留守番時間の長さなどの厳しい審査や条件をクリアしなくてはなりません。

単語 Bekannte 男 女 知人 / Tierheim 中 動物保護施設 / Tierhandlung 女 ペットショップ / zähmen 調教する / Lebensumfeld 中 住環境

D Wie gehen die Japaner mit ihren Haustieren um?
日本人はペットとどう関わっていますか？

J Obwohl es einige Besitzer gibt, die ihre Tiere vernachlässigen, behandeln die meisten ihre Haustiere wie Familienmitglieder. Manchmal ziehen sie ihre Haustiere übermäßig an, was für Ausländer überraschend sein kann. Dies wird jedoch von den Besitzern als Zeichen der Zuneigung angesehen. Auch lebensverlängernde Behandlungen, Begräbnisse und Gräber für Haustiere sind keine Seltenheit.

ペットをないがしろにする飼い主が一定数いるとはいえ，家族同様大切にする飼い主も見られます。必要以上にペットを着飾らせ，外国人に驚かれることもありますが，それも飼い主の一種の愛情表現とされています。延命治療やペット用のお葬式やお墓も珍しくなくなりました。

単語 Familienmitglied 中 家族の一員 / übermäßig 形 過度な / überraschend 形 思いもよらない / Zuneigung 女 愛情 / lebensverlängernde Behandlung 延命治療

第**6**章

Dies und das

日本さまざま

83   Das Land
国土

D | **Japan ist ein Inselstaat. Wie viele Inseln gibt es?**

日本は島国ですね。島の数は？

J | Japan hat etwa 6.800 Inseln. Es besteht aus vier großen Inseln - Hokkaido, Honshu, Shikoku und Kyushu - und einer Reihe kleinerer Inseln, darunter Okinawa und die Insel Sado. Es grenzt im Südosten an den Pazifischen Ozean, im Nordwesten an das Japanische Meer, im Westen an das Ostchinesische Meer und im Nordosten an das Ochotskische Meer.

    日本は約6800もの島からなっています。北海道，本州，四国，九州の４つの大きな島と，沖縄，佐渡島を含む大小の島からできあがっています。南東が太平洋，北西が日本海，西が東シナ海，北東はオホーツク海に面しています。

> **単語**   an ... grenzen   ～に接している / der Pazifische Ozean   太平洋 / das Japanische Meer 日本海 / das Ostchinesische Meer   東シナ海

D | **Wie groß ist Japan?**

日本の面積はどれくらいですか？

J | Die Gesamtfläche Japans beträgt ca. 378.000 km². Deutschland hat etwa 357.000 km², Japan ist also etwas größer als Deutschland, aber zwei Drittel des Landes sind bewaldet und sehr gebirgig. Die Menschen leben in den verbleibenden Ebenen und auf den sanft abfallenden Hügeln.

    日本の総面積はおよそ 37 万 8 千㎢です。ドイツは約 35 万 7 千㎢ですから日本は

ドイツより少し大きいと言えるのですが，森林地帯が国土の 2/3 を占め，山地が多いです。残る平地やなだらかな丘陵地に人々は住んでいるわけです。

単語 bewaldet 形森林で覆われた / gebirgig 形山地の / verbleiben 残る / abfallend 形下に傾斜した

D Wie sieht die Topografie Japans aus?
日本の地形はどのようになっていますか？

J Japan liegt am Ostrand des eurasischen Kontinents und folgt diesem bogenförmig von Hokkaido im Norden bis Okinawa im Süden. In der Mitte des Inselstaates befindet sich eine steile Bergkette, die das Japanische Meer vom Pazifischen Ozean trennt. In Japan gibt es auch viele Berge, die durch Vulkanausbrüche entstanden sind. Derzeit gibt es 111 aktive Vulkane, d.h. Vulkane, die in den letzten 10.000 Jahren ausgebrochen und noch nicht erkaltet sind. Es gibt auch Inseln, die durch Vulkanausbrüche entstanden sind.

日本はユーラシア大陸の東縁に位置し，大陸に沿うように北の北海道から南の沖縄まで弓なりの形です。そして，列島のほぼ中央に日本海側と太平洋側を分けるように険しい山脈が走ります。また日本には噴火でできた山がたくさんあります。現在「活火山」，すなわち概ね過去 1 万年以内に噴火した火山および現在も活発に活動している火山は 111 あります。噴火でできた島もあります。

単語 bogenförmig 形アーチ形の / Bergkette 女山脈 / Vulkanausbruch 男噴火 / erkaltet 形冷えた

84 Die Nation
民族

D ▌ Welche Volksgruppen gibt es in Japan?
日本にはどんな民族がいますか？

J In Japan gibt es zwei große ethnische Gruppen: die Japaner, die die Mehrheit der Bevölkerung ausmachen, und die Ainu, die in Hokkaido leben. Die Ainu sind die Ureinwohner Japans und lebten früher vom nördlichen Honshu bis nach Hokkaido. Die japanische Regierung hat den Begriff „Ureinwohner" 2019 gesetzlich verankert. Endlich wird damit begonnen, die einzigartige Sprache und Kultur der Ainu zu schützen.

　日本には大きく分けると，人口の大部分を占める日本人と，北海道に住むアイヌ民族がいます。アイヌ民族は，昔本州北部から北海道にかけて居住していた民族で，日本の先住民族です。政府が法律に「先住民族」と明記したのは 2019 年です。アイヌ民族の持つ独自の言語，文化を保護する活動がようやく始まりました。

 **単語** ethnisch 形 民族的な / Ureinwohner 男 原住民 / verankern しっかり根づかせる

D ▌ Wie steht es um die Abstammung des japanischen Volkes?
日本人の祖先についてはどうですか？

J Die Wurzeln des modernen japanischen Volkes sind nach wie vor unklar. In den letzten Jahren gibt es Projekte zur Erforschung der Abstammung der Japaner, z.B. durch Genomsequenzierung, die in Zukunft neue Theorien hervorbringen könnten.

現代日本人のルーツはいまだにはっきりしません。近年はゲノム解読など新しい研究を通して日本人の祖先を探るプロジェクトもあり，今後また新しい説が出てくるかもしれません。

単語 Abstammung 女由来 / Genomsequenzierung 女ゲノム解読 / hervorbringen 生み出す

D | Wo liegen die Wurzeln der japanischen Sprache?
日本語のルーツは何ですか？

J | Die Wurzeln der japanischen Sprache sind nach wie vor unbekannt. Deutsch, Englisch und Französisch gehören beispielsweise zur indoeuropäischen Sprachfamilie. Japanisch gehört zu keiner Sprachfamilie und scheint eine isolierte Sprache zu sein. Wir müssen auf weitere Forschungen warten.

日本語のルーツもいまだに不明です。たとえばドイツ語，英語，フランス語はインド・ヨーロッパ語族に属しますね。日本語は似ている言語がなく，孤立した言語のようです。まだまだこれからの研究を待たなくてはなりません。

単語 beispielsweise たとえば / Sprachfamilie 女語族 / isoliert 形孤立した / Forschung 女研究 参照 → 13. 日本語

85 Die Bevölkerung
人口

D **Wie viele Einwohner hat Japan?**

日本の人口はどれくらいですか？

J Laut der Statistiken für 2021 beträgt die Bevölkerung Japans etwa 125,5 Millionen. Davon sind etwa 61 Millionen Männer und 64,5 Millionen Frauen. Hinzu kommen etwa 2,8 Millionen Ausländer, die nicht die japanische Staatsbürgerschaft besitzen. Die meisten von ihnen kommen aus China, Südkorea, Vietnam und von den Philippinen.

　2021 年の統計では，日本の人口はおよそ 1 億 2550 万人です。男性が約 6100 万人，女性が約 6450 万人。日本国籍を持たない在留外国人も約 280 万人います。なかでも中国，韓国，ベトナム，フィリピンの人たちが多いです。

単語 Staatsbürgerschaft 女 国籍　参照 → 63. 出生率

D **Wie groß ist der Unterschied zwischen Stadt- und Landbevölkerung?**

都市部と地方でどのくらい人口に差がありますか？

J Es gibt große Unterschiede. Im Zentrum von Tokio leben zum Beispiel 9,7 Millionen Menschen, in Yokohama 3,8 Millionen, in Osaka 2,7 Millionen und in Nagoya 2,3 Millionen. Diese Gebiete verfügen über viele Arbeits- und Wohnmöglichkeiten sowie ein gut ausgebautes Verkehrsnetz und sind daher sehr dicht besiedelt. Im Gegensatz dazu sind viele

Teile der Regionen Tohoku und San-in immer weniger bewohnt.

かなり差があります。たとえば都市部では，東京の中心部で 970 万人，横浜 380 万人，大阪 270 万人，名古屋 230 万人などとなっています。これらの地域では，勤務地や居住地が集中して交通網も発達しているため，人口も密集しています。反対に，東北地方や山陰地方では過疎化が進んでいるところが多くあります。

単語 Verkehrsnetz 中交通網 / dicht besiedelt 人口密度が高い 参照 → 86. 大都市と地方

D Welche Probleme entstehen, wenn die Bevölkerung weiter abnimmt?
人口減が続くとどんな問題が生じますか？

J Zum Beispiel regionale Ungleichheiten, weil das Wirtschaftsvolumen sinkt. Weniger Bevölkerung bedeutet auch weniger Nutzer, zum Beispiel für die Bahn, und dann kann das Schienennetz nicht aufrechterhalten werden. Im ganzen Land ist der Mangel an Arbeitskräften ein großes Problem. Im Jahr 2021 betrug der Anteil der über 65-Jährigen an der Gesamtbevölkerung 29,1 %. Die Zahl der Erwerbstätigen nimmt ab, die Zahl derer, die Pflege und teure medizinische Behandlung benötigen, steigt. Dadurch wird die jüngere Generation immer stärker durch die Kosten für die medizinische und pflegerische Versorgung belastet. Es gibt Überlegungen, das Renteneintrittsalter zu erhöhen und Arbeitsplätze zu sichern, an denen die Menschen auch nach der Pensionierung arbeiten können.

たとえば，経済面での規模の縮小に伴う地域格差です。人口が減って利用者の少なくなった地域では，鉄道網を維持することができません。国内全体としては，労働力不足が大きな問題です。総人口のうち，65 歳以上が占める割合は，2021 年には29.1％ でした。元気に働ける世代が減り，介護や高度先進医療を必要とする世代が増えることで，若い世代に医療，介護費の負担がかかることになります。定年退職年齢の引き上げ，退職後も働ける職場の確保などが検討されています。

Großstädte und ländliche Regionen

大都市と地方

D **Was sind die Attraktionen der Großstädte in Japan?**

日本の大都市の魅力は何ですか？

J Jede Großstadt hat ihre eigenen Attraktionen. Tokio bietet fast alles, von kulturellen Einrichtungen bis hin zu öffentlichen Verkehrsmitteln. In der Hafenstadt Yokohama gibt es Chinatown und Lagerhäuser, in Nagoya eine berühmte Burg und das Toyota-Museum, das die japanische Autoindustrie repräsentiert, und in Osaka, das einst als „Feinschmeckerstadt" bekannt war, gibt es jede Menge leckeres Essen.

大都市にはそれぞれの魅力があります。東京ではほとんどのものが手に入り，文化施設，公共交通機関も充実しています。港湾都市の横浜には，中華街や倉庫群，名古屋には名城と日本の自動車産業を代表するトヨタのトヨタ博物館，かつて「天下の台所」と言われた大阪にはおいしい食べ物がたくさんあります。

単語 Hafenstadt 囡港町 / Lagerhaus 囲倉庫 / jede Menge 非常にたくさん

D **Was ist der Unterschied zwischen Großstädten und ländlichen Regionen?**

大都市と地方の差はどのくらいですか？

J In Tokio leben rund 14 Millionen Menschen, in den Präfekturen Tottori und Fukui rund 550.000 bzw. 760.000. Abgesehen von der Bevölkerungszahl gibt es Unterschiede zwischen Großstädten und ländlichen

Gebieten in Bezug auf Einkommen, Bildung, medizinischer Versorgung und Infrastruktur. Junge Menschen entscheiden sich daher eher für einen Arbeitsplatz in den Großstädten. Um die ländlichen Gebiete zu fördern, wurde 2008 ein System zur Zahlung der „Heimatstadtsteuer" eingeführt. Dabei kann man seine Steuer in Form einer Spende einer Gemeinde zukommen lassen, in der man nicht wohnt und erhält dafür lokale Spezialitäten. Es wird jedoch noch nach weiteren Möglichkeiten gesucht, die Unterschiede auszugleichen.

　東京都約 1400 万人の人口に対して，たとえば鳥取県は約 55 万人，福井県は約 76 万人です。人口に比例するように所得，教育，医療，インフラ整備などに大都市と差がついて，若者が大都市での就職を選択しがちです。地方の活力を促すために，住んでいるのとは異なる自治体に寄付という形で税金を納め，その土地の特産品を返礼として受け取る「ふるさと納税」の試みが 2008 年にスタートしました。けれども，格差をなくす方法はまだ模索中ですね。

単語　Spende　女 寄付金 / ausgleichen　調整する　参照 → 52. 地方自治

D Ziehen jetzt mehr Menschen aufs Land?
地方に移住する人は今多いですか？

J Seit der Ausbreitung des Coronavirus im Jahr 2020 haben Fernarbeit und Online-Bildung dazu geführt, dass immer mehr Menschen die natürliche Umgebung ländlicher Gebiete dem Leben in der Stadt vorziehen. Etwa drei Millionen Menschen aus den Großstädten wollen aufs Land ziehen, und etwa 30 % von ihnen nannten den Ausbruch des Coronavirus als Grund für ihren Umzug.

　2020 年の新型コロナ感染拡大以降，リモートワークやオンライン授業の導入により，都市部に居住せず，地方の豊かな自然環境を選ぶ人が増えてきました。首都圏から地方移住を希望している人はおよそ 300 万人おり，コロナ感染拡大を移住の理由にあげる人はそのうちの 3 割ほどでした。

単語　Fernarbeit　女 リモートワーク / aufs Land ziehen　地方に移住する

87

Dialekte
方言

D **Wie viele Dialekte gibt es?**

方言はどのくらいありますか？

J Derzeit gibt es etwa 16 verschiedene Dialekte. Sogar innerhalb einer Region können sich Wörter und Betonung leicht unterscheiden. Selbst für Deutsche ist es manchmal schwierig, in deutschsprachigen Ländern einen Dialekt zu verstehen, nicht wahr? Das Gleiche gilt für Japan.

　方言の種類は現在約 16 種類ほどあるといわれています。同じ地方でも使う単語やアクセントが微妙に違う場合もあります。ドイツ人でもドイツ語圏で方言の意味がわからなかったりする場合がありますね？　日本でも同様です。

単語 Betonung 女 アクセント

D **Wie steht es mit dem Sprechen von Dialekten?**

方言を話すことについてはどうですか？

J Früher war es so, dass Leute vom Land, die in die Stadt kamen, sich schämten, einen Dialekt zu sprechen. Viele versuchten dann, Hochjapanisch zu sprechen. Die Wahrnehmung der Dialekte in der Bevölkerung hat sich jedoch geändert, und heute scheint dies nicht mehr der Fall zu sein. Einige Studien haben gezeigt, dass es einen guten Eindruck macht, wenn man einen leichten Dialekt spricht.

　以前は地方から都市部に出て来た人たちが，方言を話すのを恥ずかしがる雰囲気

があり，共通語を話すように努力した人が多かったかもしれません。しかし，人々の間で方言についての認識が変わり，最近はそうでもないようです。共通語に時折方言を交えて話すと好印象を与えるという調査結果もあります。

単語 Hochjapanisch 中標準日本語 / Studie 女研究 / einen Eindruck machen 印象を与える

D | Werden außer Japanisch noch andere Sprachen gesprochen?
日本語以外の言語も話されていますか？

J In Japan gibt es acht Sprachen, die von der UNESCO als vom Aussterben bedroht eingestuft wurden. Eine dieser Sprachen, die als „stark gefährdet" gilt, ist Ainu, die Sprache des Ainu-Volkes auf Hokkaido. Wenn Sie Hokkaido besuchen, werden Sie Ortsnamen mit Kanji-Zeichen finden, die in der Ainu-Sprache verwendet werden, wie Ashoro, Okoppe und Etorofu. „Weitere gefährdete Sprachen" sind der Yaeyama-Dialekt und die Yonaguni-Sprache.

ユネスコが消滅の危機にあるとした言語のうち，日本にあるのは8つの言語・方言です。そのうち，「極めて深刻」とされているのが，北海道のアイヌ民族の言葉であるアイヌ語です。北海道を訪れると，足寄（あしょろ），興部（おこっぺ），択捉（えとろふ）などアイヌ語に漢字を当てた地名を見かけます。その他，「重大な危機」にあたるものに，八重山方言，与那国語などがあります。

単語 Aussterben 中絶滅 / gefährden 危険にさらす / einstufen 分類する

88 Das Stadtbild
都市の景観

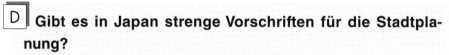

D **Gibt es in Japan strenge Vorschriften für die Stadtplanung?**

日本には町の景観について厳しい規制がありますか？

J Im 21. Jahrhundert wurden zwar Vorschriften für die Stadtplanung entwickelt, aber sie sind noch nicht ausreichend. In einigen städtischen Gebieten sieht man immer noch viele Hochhäuser und Wohntürme, während andere Teile der Stadt ein niedriges Stadtbild mit einer Mischung aus Einkaufsstraßen und ein- und zweigeschossigen Häusern haben. In jüngster Zeit haben die Kommunen Maßnahmen ergriffen, um historische Straßenbilder zu erhalten, ländliche Landschaften zu bewahren, Versorgungsleitungen unterirdisch zu verlegen, Gebäudehöhen zu regulieren und Außenwerbung an Wänden einzuschränken.

　21世紀になって景観に関する法律が整備されましたが，まだ十分とは言えないようです。都市部では高層ビルやタワーマンションなどの建築物が林立し，一部にはまだ低い街並みも残る商店街や平屋，二階家が混在しているところもあります。自治体は，歴史的街並みの保全，農村景観の保全，電柱の地中化，建物の高さの規制，屋外壁面広告の制限などの取り組みをしています。

D **Gibt es noch alte Straßen?**

古い街並みも残っていますか？

J Ja, die gibt es. Es gibt viele historische Städte, die die Atmosphäre der Vergangenheit bewahrt haben. Zum Beispiel die traditionellen Gebäude in Gion und Kamigamo in Kyoto, die alten Straßen in Kawagoe in der Präfektur Saitama und die weißen Lagerhäuser in Kurashiki in Okayama. Auch in Tokio sollte man sich in Gegenden mit vielen Tempeln umsehen. In ruhigen Wohnvierteln abseits der Hauptstraßen finden Sie auch noch Spuren des alten Japans.

　ありますよ。歴史のある地方都市，たとえば京都の祇園や上賀茂の伝統的建造物，埼玉県川越市の古い街並み，岡山県倉敷市の白壁蔵屋敷など昔の風情を残すところがたくさんあります。東京でも，寺の集まる地域や大通りから入った閑静な住宅地を歩いてみてください。きっと昔の日本の面影を見つけられますよ。

> **単語** sich umsehen　見て回る / Wohnviertel　[中]住宅街 / abseits　わきに離れて / Spur　[女]痕跡

D **Kann ich in einem traditionellen japanischen Haus übernachten?**

　日本の昔ながらの家に宿泊できますか？

J Ja, natürlich. Es gibt eine wachsende Bewegung, Holzhäuser, die vor mehr als 50 Jahren gebaut wurden, zu renovieren, zu erhalten und zu nutzen. Einige von ihnen werden als Gasthäuser genutzt. Dabei profitiert man von den großen Räumen und der Qualität des Holzes.

　ええ，もちろんです。築50年以上の木造建築の民家をリノベーションして，保存・活用しようとする動きが高まっています。広い間取り，木材のよさを活かして，ゲストハウスとして活用されている例もあります。

> **単語** wachsend　[形]成長している / renovieren　改修する / profitieren　得をする

Klima und Jahreszeiten

気候と四季

D **Japan hat vier Jahreszeiten, aber welche ist die schönste?**

日本には四季がありますが，どの季節が一番いいですか？

J Der japanische Archipel erstreckt sich von Norden nach Süden und gehört zu verschiedenen Klimazonen, von subarktisch bis subtropisch. Die Jahreszeiten werden daher unterschiedlich erlebt. So hat zum Beispiel die Kirschblüte im Frühling, die von Süden nach Norden wandert, und die Schönheit des Laubes auf den Bergen und Hügeln im Herbst ihre eigenen Qualitäten. Es ist bedauerlich, dass der Unterschied zwischen den vier Jahreszeiten immer unschärfer wird, vielleicht aufgrund des Klimawandels.

　日本列島は南北に長いため，亜寒帯から亜熱帯までさまざまな気候区分に属し，どの季節も味わいがあります。たとえば，南から北へと移動する春の桜の開花前線，秋の山や丘陵の紅葉の美しさなど，それぞれの季節のよさがあります。気候変動の影響か，四季の区別が曖昧になってきていることは残念です。

単語 Archipel 男 群島 / subarktisch 形 亜北極の / subtropisch 形 亜熱帯の / bedauerlich 形 残念な / Klimawandel 男 気候変動

D **Wie wirkt sich der Klimawandel aus?**

気候変動の影響にはどのようなものがありますか？

J　In den letzten Jahren hat es eine Reihe von Auswirkungen gegeben. Die Zahl der Menschen, die wegen eines Hitzschlags ins Krankenhaus eingeliefert werden müssen, steigt von Jahr zu Jahr. Das liegt daran, dass die Zahl der extrem heißen Tage mit Höchsttemperaturen von 35° C und mehr zunimmt. Auch sintflutartige Regenfälle treten häufiger auf und führen zu mehr weggespülten oder eingestürzten Häusern. Der Klimawandel hat auch erhebliche Auswirkungen auf die Landwirtschaft. So verändern sich beispielsweise die Qualität der Pflanzen und die für den Anbau geeigneten Flächen. Auch Fischwanderungen verschieben sich wegen der steigenden Meerestemperaturen, und die Niederschläge in Waldgebieten fallen anders aus als früher.

　近年，さまざまな影響が出ています。一日の最高気温が35℃以上に達する猛暑日の増加により，熱中症で救急搬送される人が年々増えています。また，集中豪雨などが多発するようになり，家屋の流失や倒壊といった被害が増えています。農業などへの大きな影響もあります。たとえば農作物の品質や栽培適地の変化，海水温上昇による魚の回遊の変化，森林地帯の降水量の変化などがあげられるでしょう。

単語 einliefern　運び込む / Sintflut　男大洪水 / wegspülen　洗い流す / einstürzen　倒壊する / Meerestemperatur　女海水温 / Niederschläge　複降水

D Wie unterscheidet sich das Klima in den verschiedenen Regionen Japans?

日本は地域によってどのくらい気候が違うのでしょうか？

J　Hokkaido und Okinawa unterscheiden sich stark. Zur gleichen Jahreszeit kann man auf Hokkaido Skifahren, auf Okinawa aber im Meer baden. Hinzu kommt, dass eine steile Gebirgskette von Norden nach Süden durch das japanische Inselreich verläuft. Diese Gebirgskette verändert das Klima zwischen der dem Japanischen Meer zugewandten und der dem Pazifik zugewandten Seite des Archipels. Im Winter wehen die Winde vom Festland gegen die Berge und verursachen Schnee und

Regen auf der Seite des Japanischen Meeres, während die Pazifikseite oft sonnig ist.

　北海道と沖縄ではかなり違います。同じ時期に，北海道ではスキーができるのに，沖縄では海水浴ができることもあります。また，日本列島は北から南へ険しい山脈がついたてのように走っています。この山脈が日本海側と太平洋側の地域の気候を変えています。冬は大陸からの風が山に当たって日本海側で雪や雨を降らせ，太平洋側では晴れが多くなります。

単語 verlaufen　延びる / zugewandt　形 〜の方を向いた / wehen　風が吹く / Festland　中 陸地

Erdbeben
地震

D **Haben die Menschen in Japan keine Angst vor Erdbeben?**

日本に住んでいる人は地震に不安がないのですか？

J Doch, wir machen uns große Sorgen. Derzeit gibt es keine Möglichkeit, das Auftreten von Erdbeben zuverlässig vorherzusagen. Um sich auf ein größeres Erdbeben vorzubereiten, ist es wichtig, die Evakuierungsorte zu kennen, Notvorräte anzulegen und zu verhindern, dass Möbel umkippen. Auch die Regierung leistet einen Beitrag. Die Richtlinien für die Erdbebensicherheit von Häusern und Hochhäusern wurden kürzlich überarbeitet. Informationen über das Epizentrum, das Ausmaß und den Tsunami eines Erdbebens können jetzt schnell über Fernsehen, Radio und Smartphones abgerufen werden.

あDりますD。 とても不安に思っています。 現在のところ，地震の発生を確実に予知する方法はありません。 大規模地震の発生に備え，日頃から避難先を確認し，非常用品を用意し，家具の転倒防止に取り組むことが大切でしょう。 国としても防災に備え，家屋や高層建築などの耐震基準が改められ，地震の震源，規模，津波の情報なども，テレビ，ラジオ，スマートフォンでいち早く知ることができるようになりました。

単語 zuverlässig 形信頼できる / Evakuierungsort 男避難場所 / Notvorrat 男非常用備蓄 / umkippen 倒れる / Richtlinie 女方針 / abrufen 呼び出す

D **Was soll ich bei einem Erdbeben tun?**

地震が起きたらどうすればいいですか？

[J] Man weiß nie, wann und wo sich ein Erdbeben ereignet. Wenn Sie sich in einem Haus befinden, geraten Sie nicht in Panik. Warten Sie einen Moment und bringen Sie sich je nach Stärke des Bebens unter einem Tisch in Sicherheit. Dort sind Sie vor herabfallenden Gegenständen geschützt. Fensterscheiben können zerbrechen, halten Sie sich deshalb von Fenstern fern und laufen Sie nicht ins Freie. Wenn Sie nicht zu Hause sind, hängen die zu ergreifenden Maßnahmen davon ab, ob Sie sich in einem Gebäude, in einem unterirdischen Einkaufszentrum, in einem Zug oder in einem Aufzug befinden. Anstatt zu den Ausgängen zu rennen, ist es wichtig, den Anweisungen vor Ort zu folgen und sich zuerst einmal selbst zu schützen.

いつ，どこで地震に遭遇するかはわかりません。屋内では慌てずに，しばらく様子を見て，揺れの強度によっては机やテーブルの下に入って，倒れてくる物から身を守ります。窓ガラスが割れて飛び散る危険もありますから，窓からは離れ，あわてて外に飛び出したりしないほうがいいです。外出時は，建物内か地下街，電車内，あるいはエレベーター内かなど，どこにいるかによってとるべき行動が異なります。出口に殺到したりせず，その場の誘導に従い，何よりも自らの身を守ることが大事です。

単語 sich ereignen 起こる / in Panik geraten パニックになる / herabfallen 落ちてくる / zerbrechen 割れる / ins Freie laufen 外に走り出る

[D] Wie hoch sind die möglichen Schäden abhängig von der Stärke des Erdbebens?

地震の大きさによって，どのような被害が考えられますか？

[J] Die Skala der Japanischen Meteorologischen Agentur für die Stärke eines Erdbebens ist in 10 Stufen unterteilt. Bei einem Erdbeben der Stärke 5 oder weniger kann es sein, dass Sie sich an etwas festhalten müssen, um aufstehen zu können. Bei einer Stärke von 5 oder mehr können Möbel umkippen und es kann schwierig sein, ein Auto zu fahren. Ab einer Stärke von 6 können Fensterscheiben zerbrechen oder herunterfallen.

Auch ein Erdbeben der Stärke 4-5 oder weniger kann Folgen haben. Beispielsweise kann der Zugverkehr aus Sicherheitsgründen eingestellt werden. Auch lebenswichtige Versorgungsleitungen können unterbrochen werden. Beim großen Erdbeben in Ostjapan 2011 wurde in der Stadt Kurihara in der Präfektur Miyagi ein Beben der Stärke 7 gemessen.

　気象庁の震度階級は 10 段階に分かれます。震度 5 弱以上になると，ものにつかまらないと立てないほどで，5 強以上になると家具が転倒することがあり，車の運転も困難になります。震度 6 以上では窓ガラスが破損，落下することがあります。震度 4 〜 5 弱程度でも，安全確認のための鉄道の運転見合わせや，ライフラインの供給停止など，さまざまな影響があります。ちなみに，2011 年の東日本大震災では，宮城県栗原市で震度 7 を記録しました。

単語 die Japanische Meteorologische Agentur　気象庁 / aus Sicherheitsgründen　安全上の理由から / messen　測る 参照 → 91. 東日本大震災

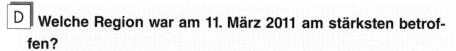

91 Das große Erdbeben im Osten Japans

東日本大震災

D **Welche Region war am 11. März 2011 am stärksten betroffen?**

2011 年 3 月 11 日，一番被害が大きかったのはどこですか？

J Am stärksten betroffen war das Gebiet vor der Küste von Sanriku in den Präfekturen Aomori, Iwate und Miyagi sowie die Präfektur Fukushima. Dort gab es ein schweres Erdbeben von Magnitude 9,0 und einen Tsunami. Das Erdbeben traf vor allem Miyagi, Fukushima, Ibaraki, Tochigi und andere Präfekturen. Der Tsunami verursachte die größten Schäden in den Präfekturen Miyagi, Fukushima und Iwate. Das Beben erschütterte ein großes Gebiet und erreichte in Tokio eine Stärke von 5 oder mehr auf der japanischen Erdbebenskala. Dies führte zu Chaos, da Züge ausfielen und viele Menschen Schwierigkeiten hatten, nach Hause zu kommen.

青森県，岩手県，宮城県の三陸沿岸と福島県周辺が最も被害がありました。マグニチュード 9.0 の巨大地震の揺れと，津波がありました。揺れが大きかったのは宮城県，福島県，茨城県，栃木県など，津波による被害が一番大きかったのは宮城県，福島県，岩手県です。地震の揺れは広範囲に及んで，東京でも震度 5 強を観測し，電車が止まって多くの帰宅困難者が出るなど，混乱を招きました。

D **Wie ist der Stand des Wiederaufbaus in den betroffenen Gebieten?**

被災地の復興はどのような状態ですか？

218　第 6 章　日本さまざま

J Es hat einige Zeit gedauert, aber es geht stetig voran. Die Umsiedlung von Wohngebieten in höher gelegene Gebiete und der Bau von Infrastruktur wie öffentlichen Sozialwohnungen für Katastrophenopfer und Straßen sind fast abgeschlossen. Der Wiederaufbau der Landwirtschaft, der Fischerei und anderer Industriezweige verläuft jedoch aufgrund des Problems mit dem Kernkraftwerk und schädlicher Gerüchte nur langsam. Der Wiederaufbau ist noch nicht abgeschlossen und es bleibt abzuwarten, wie viele Katastrophenopfer aus den Evakuierungszentren in ihre Häuser zurückkehren werden.

　時間はかかりましたが，着々と進んでいます。宅地の高台への移転や，災害公営住宅や道路などのインフラの整備はほぼ終わっていますが，農業，水産業などの復興は，原発問題の影響や風評被害もありなかなか進みませんでした。被災者が避難先からどれだけ戻るのか，まだ復興は道半ばです。

D Wie ist die aktuelle Situation der Menschen in Fukushima, wo sich das Kernkraftwerk befindet?

原子力発電所のある福島の人々の現在の状況は？

J Der Evakuierungsbefehl für die Bevölkerung in der Umgebung des Kernkraftwerks Fukushima ist seit 2014 endlich aufgehoben. Allerdings gibt es immer noch Gebiete, in die die Menschen nur schwer zurückkehren können. Es ist noch nicht klar, wie das Gebiet in Zukunft wiederaufgebaut werden kann und wie viele Bewohner zurückkehren werden. Damit das Gebiet vollständig wieder aufgebaut werden kann, muss ein Umfeld geschaffen werden, in dem die Menschen in Frieden leben und arbeiten können.

　福島の原子力発電所近くの住民には，2014 年からようやく避難指示解除が出ています。しかし，まだ帰還困難区域は残っており，将来的にどう再生できるか，どのくらいの住民が戻ってくるのか不確実です。再生のためには，安心して暮らし，働ける環境が必要です。

92 Umweltprobleme

環境問題

D **Wie geht Japan mit dem Problem des Plastikmülls um?**

プラスチックゴミ問題についての取り組みはどうですか？

J Plastiktüten müssen seit 2020 in allen Geschäften bezahlt werden. Auch kostenlose Plastikprodukte wie Trinkhalme, Gabeln und Löffel werden zunehmend durch Alternativen, zum Beispiel aus Papier, ersetzt. Dennoch produzieren die Japaner nach den USA weltweit den zweitmeisten Plastikmüll. Wir müssen nun aktiv aufklären und sensibilisieren.

2020年からすべての小売店で，プラスチック製レジ袋が有料化されました。無料でもらえるストローやフォーク，スプーンなどのプラスチック製品を紙などの代替品にかえる動きが始まりました。しかし，日本は1人あたりの包装プラスチック容器の廃棄量がアメリカに次いで世界第2位です。これから，積極的にこの問題の教育，周知に意識して取り組むべきでしょう。

単語 Trinkhalm 男ストロー / ersetzen 取り替える / aufklären 啓蒙する / sensibilisieren 意識を高める

D **Es heißt, dass in japanischen Supermärkten und Convenience-Stores sehr viele Lebensmittel weggeworfen werden. Stimmt das?**

日本のスーパーやコンビニでは大量のフードロスが出ると言われていますね。

J Ja. Aufgrund der Haltbarkeits- und Verbrauchsdaten von Lebensmitteln sind die Geschäfte gezwungen, Lebensmittel und Lunchpakete, die bald ablaufen, so schnell wie möglich zu entsorgen. In letzter Zeit versuchen die Geschäfte, die Verluste so gering wie möglich zu halten, indem sie Produkte, deren Haltbarkeitsdatum bald abläuft, billiger anbieten oder indem sie flexibel sind und kurz vor Ladenschluss Rabatte gewähren. Nicht verkaufte Lebensmittel aus Convenience-Stores werden als Gewerbeabfall kostenpflichtig entsorgt. Wir sollten uns der Realität der Lebensmittelverschwendung bewusst werden und unseren Lebensmitteleinkauf überdenken.

　そうです。食品の賞味期限，消費期限があるため，店は期限切れ間近の食品やお弁当を早めに処分することになります。最近は期限の迫っている商品を安く提供したり，閉店間近に値引きするなどの柔軟な対応で，なるべくロスを少なくしています。コンビニなどの売れ残り食品は事業系ごみとして有料で処分されます。私たちもフードロスの実態を知り，食品の購入を考えるべきですね。

単語 Haltbarkeitsdatum 中賞味期限 / Verbrauchsdatum 中消費期限 / zwingen 強いる / ablaufen （期限などが）切れる / entsorgen ごみ処理する / Gewerbeabfall 男事業系ごみ / überdenken よく考える

D Wie steht es mit dem Recycling?

リサイクル活動は進んでいますか？

J Im Vergleich zu Deutschland hinken wir hinterher, aber als Reaktion auf die Klimakrise wird Recycling gefördert. Als Abfall- und Recyclingmaßnahmen wurden, beginnend mit Verpackungen im Jahr 1995, Recyclinggesetze für Haushaltsgeräte, Lebensmittel, Baumaterialien und Autos eingeführt.

　ドイツと比べると遅れていましたが，気候危機を受け，リサイクル活動を推進しています。廃棄物・リサイクル対策として，1995 年の容器包装を皮切りに，家電，食品，建設資材，自動車を対象にそれぞれリサイクル法が定められました。

単語 Klimakrise 女気候危機 / Baumaterial 中建設資材

93 Energie

エネルギー

D **Welche Energiequellen nutzt Japan?**

日本はどのようなエネルギー資源を利用していますか？

J Fossile Brennstoffe wie Öl, Kohle und Erdgas (LNG) machen etwa 80 % aus, der Rest entfällt auf Kernenergie, Wasserkraft und erneuerbare Energiequellen wie Sonne, Wind, Biomasse und Erdwärme. Erdöl hat einen Anteil von etwa 40 % am Gesamtenergieverbrauch, während Kohle und Erdgas jeweils etwa 20 % ausmachen.

石油，石炭，天然ガス（LNG）などの化石燃料が約8割，残りは原子力，水力，そして太陽光，風力，バイオマス，地熱などの再生可能エネルギーです。エネルギー全体のうち，石油が約40%を占め，石炭，天然ガスはそれぞれ約20%です。

単語 fossiler Brennstoff 化石燃料 / Kohle 囡石炭 / Erdgas 中天然ガス / erneuerbare Energiequelle 再生可能エネルギー源 / Erdwärme 囡地熱

D **Wie hoch ist der Selbstversorgungsgrad mit Energie?**

エネルギー自給率はどのくらいですか？

J Er lag 2019 bei 12,1 %. Aufgrund der Knappheit der heimischen Energieressourcen sind wir fast vollständig von Importen abhängig. Um die Situation zu verbessern, wurde - wie in rohstoffarmen Ländern wie Frankreich und Südkorea - die Einführung der Kernenergie vorangetrieben. Nach dem großen Erdbeben in Ostjapan wurden jedoch wieder

Kernkraftwerke abgeschaltet und die Abhängigkeit vom Ausland nahm erneut zu. Und mit dem Einmarsch Russlands in die Ukraine 2022 hat sich das Energieproblem noch verschärft.

2019 年時点で 12.1% です。国内にエネルギー資源が乏しいので，ほとんど輸入に頼っています。輸入に依存する不安定なエネルギー供給を改善するために，資源を持たないフランス，韓国などと同じように，原子力発電の導入を促進しました。ただ，東日本大震災以降，原発の停止が続き，輸入の依存度が再び高まりました。そして 2022 年のロシアによるウクライナ侵攻で，エネルギー問題はさらに深刻になりました。

単語 Knappheit 囡不足 / rohstoffarm 彫資源の乏しい / Einmarsch 男侵攻

D Wie groß ist der Anteil erneuerbarer Energien?
再生可能エネルギーはどのくらい普及していますか？

J In Deutschland machen erneuerbare Energien rund 45 % der Stromerzeugung aus. In Japan sind es etwa 20 %, aber auch das ist schon doppelt so viel wie vor zehn Jahren. Nach dem Reaktorunglück in Fukushima wurde die thermische Energie stärker genutzt, aber auch auf erneuerbare Energien wird verstärkt gesetzt. Japan verzeichnet hohe Zuwachsraten bei der Stromerzeugung aus Solarenergie und Biomasse.

ドイツの発電量に占める再生可能エネルギーの割合は約 45% です。日本は約 20% ですが，これでも 10 年前と比べると 2 倍になりました。福島の原発事故後，火力発電の使用が増えましたが，国も再生可能エネルギーへの取り組みを加速させています。日本では太陽光発電，バイオマス発電の伸び率が高いです。

単語 Stromerzeugung 囡発電 / Reaktorunglück 中原発事故 / thermische Energie 火力エネルギー

94 Mobbing
いじめ

D **Wo findet Mobbing statt?**

どこでいじめがあるのですか？

J Früher ging man davon aus, dass Mobbing vor allem zwischen Schülern innerhalb und außerhalb der Schule stattfindet. In den letzten Jahren hat sich Mobbing jedoch auch im Internet verbreitet. Außerdem werden Kinder und Erwachsene über einen längeren Zeitraum verspottet und ignoriert. Diese Formen des Mobbings haben sogar zu Selbstmorden geführt.

主に学校内外で生徒間で起こることが多いとされていました。近年はネット上でも広がっています。子ども大人問わず陰口や無視などが長期的に続き，それが自殺にまで至る事態になってきました。

単語 Mobbing 中 いじめ / ignorieren 無視する / Selbstmord 男 自殺

D **Wie hoch ist die Zahl der Selbstmorde aufgrund von Mobbing?**

いじめが原因の自殺の割合は高いですか？

J Nach Angaben des Ministeriums für Bildung, Kultur, Sport, Wissenschaft und Technologie machen Selbstmorde aufgrund von Mobbing unter Schülern etwa 3 % aller Selbstmorde aus. Dieser Anteil scheint nicht sehr hoch zu sein, aber man darf nicht vergessen, dass bei 60 % der

Selbstmorde der Grund unbekannt ist. Da die Zahl der Suizide in den letzten zehn Jahren um mehr als 50 % gestiegen ist, ist die Zahl der Selbstmorde aufgrund von Mobbing wahrscheinlich doch noch etwas höher.

文部科学省発表の生徒の自殺者は全体から見ると約 3% です。それほど高いとは言えませんが，原因不明が 60% を超えています。この 10 年間に自殺者数は 1.5 倍以上になっていますので，実際はいじめによる自殺者はもう少し多いのではないでしょうか。

単語 nach Angaben 資料によると

D | Mobbing gibt es also nicht nur in der Schule?

いじめは学校だけではないのですか？

J Nein, auch am Arbeitsplatz. Heutzutage gibt es viele verschiedene Arten von Belästigung. Zum Beispiel wird man wegen seiner Fähigkeiten oder seines Aussehens ignoriert und ausgegrenzt. Fehler bei der Arbeit werden bloßgestellt oder man bekommt mehr Arbeit als nötig. Da das Bewusstsein für Belästigung gestiegen ist, gibt es immer mehr Beratungsstellen, die sich mit Belästigung am Arbeitsplatz und in der Schule beschäftigen.

はい，職場にもあります。現在ではハラスメントとしてさまざまな種類があります。たとえば，能力や容姿を理由に無視され仲間外れにされる，仕事上のミスを問い詰められる，必要以上にノルマを課せられる，などなど。ハラスメントの認知が進んで，学校のいじめだけでなく，職場のハラスメントに対してカウンセラーや相談窓口を置くケースも増えました。

単語 Aussehen 中外観 / ausgrenzen 締め出す / bloßstellen 笑い物にする

95 Steuern

税金

D **Wie hoch ist die Mehrwertsteuer in Japan? In welchem Verhältnis stehen direkte und indirekte Steuern?**

日本では消費税は何％ですか？ 直接税と間接税の割合はどのくらいですか？

J Ab Oktober 2019 beträgt die Mehrwertsteuer 10 %, ermäßigt 8 %. In Deutschland beträgt sie 19 %, mit einem ermäßigten Satz von 7 %. Das Verhältnis zwischen direkten und indirekten Steuern beträgt etwa 6:4.

2019年10月から10%，軽減税率は8%になりました。ドイツは19%，軽減税率7%ですね。直接税と間接税の割合は約6対4です。

> 単語 Mehrwertsteuer 〔女〕消費税 / ermäßigt 〔形〕割引の / Satz 〔男〕率

D **Gibt es in Japan Sondersteuern?**

日本独特の税金がありますか？

J In Deutschland gibt es Sondersteuern wie die Kirchensteuer und die Ökosteuer. Eine japanische Sondersteuer ist die Badesteuer. Dabei handelt es sich um eine Steuer, die von den Besuchern heißer Quellen in verschiedenen Regionen gezahlt und für den Erhalt der Quellen verwendet wird.

ドイツには教会税やエコ税など固有の税がありますね。日本特有の税には入湯税があります。各地の温泉を利用する客に課せられる地方税で，鉱泉源の整備などに使われます。

単語 Sondersteuer 囡特別税 / Kirchensteuer 囡教会税 / Badesteuer 囡入湯税

D Interessiert es die Japaner, wofür ihre Steuergelder ausgegeben werden?

日本人は税金の使い道に関心がありますか？

J Ein wenig. In den letzten 30 Jahren wurde die Mehrwertsteuer von 3 auf 10 % erhöht. Damit war die Bevölkerung nicht immer einverstanden. Aber die Japaner wissen auch, dass die Überalterung der Bevölkerung zu Problemen bei den Renten und der Sozialhilfe führen wird. Durch die zunehmende Belastung sind Steuern nicht mehr nur eine Pflicht, sondern es ist auch das Interesse an deren Verwendung gewachsen.

　ある程度は。この30年あまりの間に消費税は導入当初の3%から10%へ引き上げられました。国民がそれに必ずしも納得したわけではありません。高齢化が進んで，年金，福祉の問題は深刻化しています。負担が高まるにつれ，税金は取られるものという感覚から，何に使われているのか関心をもって納めるものへと国民の意識は変わりつつあると思います。

単語 Sozialhilfe 囡福祉 / wachsen 育つ

96 Sucht

依存症

D **Welche Arten von Abhängigkeiten gibt es?**

どのような依存症がありますか？

J Neben den traditionell bekannten Süchten wie Alkohol, Drogen und Glücksspiel gibt es auch Süchte wie Shopping, Internet, Computerspiele und Smartphones. Diese haben in den letzten Jahren durch die rasante Verbreitung von Smartphones und sozialen Netzwerken an Bedeutung gewonnen.

　アルコールや薬物，ギャンブルなど従来から知られている依存症以外に，買い物，ネット，ゲームあるいはスマホ依存症などがあります。これらは近年のスマホや SNS の急激な普及により重要性が増してきました。

 単語 Droge 〔女〕麻薬 / soziale Netzwerke SNS / an Bedeutung gewinnen 重要性を増す

D **Wie häufig ist eine Abhängigkeit?**

依存症になる人は多いですか？

J Alkoholismus macht etwa 1 % aller Abhängigen aus, mit geschätzten 800.000 Patienten. Die Zahl der männlichen Alkoholiker ist viel höher als die der Weiblichen. Bei den Drogen haben 1,4 % der Bevölkerung Erfahrungen mit Cannabis, was im Vergleich zu den westlichen Ländern, in denen dieser Anteil bei 20 bis 40 % liegt, gering ist. Allerdings nimmt der Konsum von Schlaf- und Angstmitteln zu. Es wird geschätzt, dass

700.000 Menschen ein Glücksspielproblem haben. *Pachinko* und *Pachis-lot* sind die Hauptformen der Spielsucht. Glücksspielsucht und Internet-abhängigkeit nehmen besonders bei Schülern der Mittel- und Oberschu-le zu. Ein Grund dafür könnte sein, dass die Jugendlichen wegen der Corona-Katastrophe mehr Zeit zu Hause verbrachten und nicht zur Schule gehen konnten.

アルコール依存症は全体で約 1%，患者数は 80 万人と推計されています。男性の アルコール依存症患者は女性より圧倒的に多いです。薬物では，大麻を経験したこと のある人が 1.4% で，20 〜 40% ある欧米諸国と比べると低い水準です。そのほか睡 眠薬や抗不安薬なども増えています。ギャンブル依存症の疑いのある人は 70 万人と 推定されています。パチンコ，パチスロがその中心です。中高生にはゲーム，ネット依 存症が増えてきています。コロナ禍で学校に通えず，在宅の時間が増えたのも原因の 一つでしょう。

D Was wird unternommen?

どんな対策がとられていますか？

J Der öffentliche und der private Sektor arbeiten gemeinsam an Maß-nahmen, um den verschiedenen Abhängigkeiten zu begegnen. Das Hilfs-angebot ist besser als in der Vergangenheit, einschließlich der Einrich-tung von Spezialkliniken und -abteilungen. Das größte Problem besteht darin, dass Menschen mit Symptomen keine Hilfe suchen und das Prob-lem in der Familie bleibt. In Japan wird die Behandlung oft hinausgezö-gert, weil die Betroffenen sich schämen oder nicht wollen, dass die Nachbarn davon erfahren.

さまざまな依存症に対して，官民挙げて対策に取り組んでいます。専門病院や専門 科を設置するなど，以前に比べると手厚いサポート体制になっています。一番の問題 は，症状があっても専門病院や支援施設などに相談せず，家族で抱え込んでしまうこ とです。日本では，恥ずかしい，ご近所に知られたくない，という理由で治療が遅れ るケースが少なくありません。

97 Ausländer

外国人

 **Aus welchen Ländern kommen die meisten ausländischen Besucher nach Japan?**

日本に来る外国人観光客はどの国が一番多いですか？

J Die Zahl der Ausländer, die Japan besuchen, ist in den fünf Jahren vor der Ausbreitung der Corona-Infektion gestiegen. Dies ist auf die Ausweitung des Reisemarktes und die niedrigen Reisekosten zurückzuführen. Besonders kamen viele Besucher aus China, Südkorea, Taiwan und Thailand in Asien sowie aus den USA und Australien. Nach Corona kamen viele Besucher aus Vietnam, China, Indonesien, von den Philippinen und aus Südkorea.

コロナ感染拡大前の5年間で訪日外国人の数が増加しました。個人旅行の市場の広がり，旅費が低価格になったことなどの影響です。とりわけ中国，韓国，台湾，タイのアジア地域を中心に，アメリカ，オーストラリアからも多く来日していました。コロナ後はベトナム，中国，インドネシア，フィリピン，韓国などが多いです。

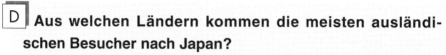 **Kommen die Besucher zum Sightseeing nach Japan? Oder um zu studieren oder zu arbeiten?**

訪日の目的は観光ですか？ それとも留学や仕事ですか？

J Kurzaufenthalte haben einen touristischen oder geschäftlichen Hintergrund. Längere Aufenthalte dienen dem Studium oder der Arbeit. Im

Jahr 2008 formulierte die Regierung einen Plan, um bis 2020 300.000 ausländische Studierende nach Japan zu holen. Bis 2016 stieg die Zahl der ausländischen Studenten auf rund 240.000. Angesichts des Rückgangs der einheimischen Arbeitskräfte und der Globalisierung stellt sich die Frage, wie mehr ausländische Arbeitskräfte aufgenommen werden können.

　短期滞在では，観光目的と，ビジネス目的があります。長期滞在では，留学，労働が目的です。政府が 2008 年に，2020 年をめどに留学生 30 万人を受け入れる計画（留学生 30 万人計画）を策定しました。2016 年には留学生は約 24 万人を数えました。また，国内の労働人口の減少，グローバル化に伴い，いかに外国人労働者を受け入れていくかが課題となっています。

D | Japan nimmt nicht so viele Flüchtlinge auf, oder?
日本では難民受け入れが少ないですね。

J | Japan ist weltweit der viertgrößte Beitragszahler des UNHCR, hat aber bis 2020 nur 5 % der Flüchtlingsanträge angenommen. Das ist weniger als in Europa und den USA. Es gibt Bewerber aus Afghanistan, Myanmar und anderen Ländern, aber das Prüfungsverfahren ist streng und langwierig. Es gibt auch kein System, um sie in die Gesellschaft zu integrieren, zum Beispiel durch Arbeit. Es stellt sich die Frage, wie mit Flüchtlingen umgegangen werden soll, deren Zahl je nach internationaler Lage in Zukunft wahrscheinlich noch steigen wird.

　日本は国連難民高等弁務官事務所に世界で 4 番目に多く支援金を拠出している国ですが，難民認定率は欧米に比べ低く，2020 年は申請件数の 5% でした。アフガニスタン，ミャンマーなどからの申請者がいますが，審査が厳しく時間がかかり，就労など受け入れ体制も整っていません。今後の国際情勢により，さらに増える可能性がある難民をどのように受け入れていくかが問われています。

単語 viertgrößt- 形4番目に大きい / Beitragszahler 男分担金拠出者 / Flüchtlingsantrag 男難民申請 / Prüfungsverfahren 中審査 / langwierig 形時間のかかる

98 Ausländische Arbeitskräfte

外国人労働者

D Wie hoch ist der Anteil ausländischer Arbeitskräfte?

外国人労働者の割合はどのくらいですか？

J Die Zahl der ausländischen Arbeitskräfte ist vor der Corona-Katastrophe jedes Jahr gestiegen. Zwischen 2019 und 2021 ging die Wachstumsrate jedoch deutlich zurück. Danach stieg sie wieder an und erreichte 2022 einen Höchststand von rund 1,82 Millionen. Die Gesamtzahl der Erwerbstätigen in Japan beträgt rund 68,6 Millionen, der Anteil der ausländischen Erwerbstätigen liegt damit bei rund 2,5 %. Im Vergleich zu vor zehn Jahren ist die Zahl um etwa das 2,5-fache gestiegen. Dies ist unter anderem auf den Geburtenrückgang und die Überalterung der Bevölkerung zurückzuführen.

　コロナ感染拡大前までは外国人労働者数は毎年増加していましたが，コロナ禍の2019 ～ 2021 年にかけて増加率は大幅に低下しました。その後再び増加し，2022年には過去最高の約 182 万人を記録しました。日本の総労働力人口は約 6860 万人ですから，外国人労働者は 2,5% ほどです。少子高齢化の影響もあり，10 年前と比べると人数は約 2.5 倍に増えました。

D Aus welchen Ländern kommen die meisten ausländischen Arbeitnehmer?

どの国から一番多く外国人労働者が来ていますか？

J Die meisten kommen aus Vietnam, China und den Philippinen, aber auch aus Brasilien und Peru. In den letzten Jahren sind die Löhne in Japan nicht mehr so viel höher als in anderen Ländern und es wird befürchtet, dass es schwieriger wird, ausländische Arbeitskräfte zu finden.

人数が多いのはベトナム，中国，フィリピンですが，ブラジル，ペルーも伸びています。近年，日本と諸外国との賃金格差が縮まりつつあり，人材獲得競争の激化が危惧されています。

D Wo sind die meisten Arbeitskräfte beschäftigt?

どのような種類の労働がありますか？

J Die meisten ausländischen Arbeitskräfte sind in der verarbeitenden Industrie beschäftigt (28 % der Gesamtzahl). Andere arbeiten im Baugewerbe, im Groß- und Einzelhandel, im Gesundheits- und Sozialwesen sowie im Hotel- und Gaststättengewerbe. Es gibt verschiedene Arten von Aufenthaltsgenehmigungen, die es Ausländern ermöglichen, in Japan zu arbeiten. Der Aufenthaltstitel „Spezifische Fähigkeiten" trat 2019 in Kraft. Er stellt keine besonderen Anforderungen an den akademischen oder beruflichen Hintergrund. Ausländer dürfen damit nur in 12 Branchen arbeiten, in denen ein besonderer Arbeitskräftemangel droht. Dazu gehören die Pflege, die Gebäudereinigung, das Baugewerbe und das Gastgewerbe.

外国人労働者は製造業が多く，全体の 28% です。そのほか，建設業，卸小売業，医療・福祉，宿泊業，外食産業などです。日本で働ける在留資格にはさまざまな種類があります。2019 年施行の「特定技能」という在留資格は，学歴，職歴に特段の要件はなく，特に人手不足が心配される，介護，ビルクリーニング，建設，宿泊業などの 12 種類に限って外国人を受け入れることができます。

単語 verarbeitende Industrie　加工業 / Groß- und Einzelhandel　卸売業・小売業 / Gesundheits- und Sozialwesen　医療・福祉 / Branche　囡部門 / Gebäudereinigung 囡ビルクリーニング / Baugewerbe　囲建設業 / Gastgewerbe　囲宿泊業

99 Fremdsprachen
外国語

D **Sind Fremdsprachen in Japan beliebt?**

日本では外国語教育は盛んですか？

J Ja, vor allem Englisch. Der Englischunterricht, der früher in der Mittelschule begann, beginnt seit 2020 in der dritten Klasse der Grundschule. Die Bildungspolitik versucht, mehr Wert auf praktische Englischkenntnisse zu legen. Neben der direkten Kommunikation mit Ausländern wird auch die Fähigkeit zur Kommunikation über das Internet gefördert. Da die Zahl der ausländischen Arbeitskräfte in Japan zunimmt, werden außerdem Kommunikationsfähigkeiten benötigt, um mit dieser Zunahme umgehen zu können. Einige Oberschulen bieten die Möglichkeit, neben Englisch auch andere Sprachen zu lernen.

はい，特に英語ですね。中学生からスタートしていた英語学習を，2020 年以降小学校 3 年生から始めることになりました。実践的な英語力を身につけさせるという教育方針に変わってきました。外国人との対面交流だけでなく，インターネットを通したコミュニケーション力も求められています。また，国内でも外国人労働者の増加に伴うコミュニケーション能力が必要とされています。高校では英語ばかりでなく他言語を学ぶ機会を提供しているところもあります。

D **Wie hoch ist der Anteil der Studierenden, die Deutsch lernen?**

ドイツ語学習者の割合はどうですか？

J Er sinkt von Jahr zu Jahr. An den Universitäten, die keine eigene Deutschabteilung haben, gibt es ein oder zwei Wahlfächer pro Woche für nur ein Jahr, und es werden zunehmend nur einfache Sprachkenntnisse vermittelt. Die Bemühungen, die Zahl der Lernenden zu erhöhen, werden fortgesetzt. Allerdings lernen viele Menschen Deutsch an Sprachschulen, die sich an Berufstätige richten. Die Zahl der japanischen Studierenden, die direkt in Deutschland studieren, ist in den letzten Jahren gestiegen. Im Jahr 2018 haben rund 3.400 japanische Studenten in Deutschland studiert.

年々減っています。ドイツ語に関わる専門学科を置かない大学では，週に１回か２回の選択授業が１年間しかなく，簡単なコミュニケーション能力を習得させるだけになってきています。学習者を増やす努力は続いています。社会人を対象にする語学学校で，学び直しをする人も少なくありません。ドイツに留学した日本人学生は，2018年に約 3400 人を数え，近年増加しています。

単語 Wahlfach 〔中〕選択科目 / fortsetzen 続ける

D Warum ist die Zahl der Deutschlernenden rückläufig?
ドイツ語学習者が減少傾向にあるのはなぜですか？

J Die deutsche Sprache gilt als sehr schwierig. Auch wenn in den letzten Jahren im Deutschunterricht mehr Wert auf Konversation gelegt wird und weniger Grammatik gepaukt wird. Ein weiterer Grund für das nachlassende Interesse könnte darin liegen, dass junge Lernende weniger Wissen und Interesse an deutschsprachigen Ländern und Europa haben als an englischsprachigen Ländern wie den USA, Australien und Kanada.

学習するのに難しいという声をよく聞きます。近年はドイツ語を教える方法も会話中心で，文法を詰め込むことはなくなりました。若い学習者にとって，アメリカ，オーストラリア，カナダなどの英語圏に比べ，ドイツ語圏やヨーロッパに対する知識，関心が低いことも理由かもしれません。

単語 pauken 詰め込む / englischsprachig 〔形〕英語を話す

D Welche historischen Beziehungen bestehen zwischen Deutschland und Japan?
歴史的に見て日本とドイツの関係はどうですか?

J Im Jahr 2021 wurde das 160-jährige Bestehen der deutsch-japanischen Beziehungen mit verschiedenen Veranstaltungen gefeiert, unter anderem in den Botschaften beider Länder, dem Goethe-Institut und der Japanisch-Deutschen Gesellschaft. Die Anfänge des Austauschs reichen bis ins 19. Jahrhundert zurück. Damals kamen der deutsche Arzt Siebold und der Naturforscher Kämpfer während der Zeit der nationalen Isolation nach Japan und brachten ihre Forschungen über Japan mit in ihre Heimat. Als sich Deutschland 1871 mit Preußen vereinigte, blickte Japan, das sich modernisieren wollte, auf Deutschland als Vorbild in Bereichen wie Gesetzgebung, Militär, Chemie und Kunst. Viele deutsche Gelehrte wurden nach Japan eingeladen und die Japaner lernten von ihnen Jura und Medizin. Während des Ersten Weltkriegs brachten deutsche Soldaten Würstchen, Baumkuchen und Beethovens Neunte Sinfonie nach Japan. Seit dem Zweiten Weltkrieg wurden die guten Beziehungen aufrechterhalten.

　2021 年に日独交流 160 周年を記念して，両国大使館，ゲーテ・インスティトゥート，日独協会などでさまざまな催しがありました。交流は 19 世紀に始まります。当時，鎖国時代の日本へ，ドイツ人医師シーボルトや博物学者ケンペルが来日して，日本見聞記を本国に紹介したのです。1871 年，プロイセンを中心にドイツが統一を果た

したときには，近代化を目指す日本は，法制，軍事，化学，芸術などの分野でドイツを手本としました。また，多くのドイツ人学者を招いて，日本人は彼らから法学，医学を学びました。第一次世界大戦中には，ドイツ人兵士を通じてソーセージやバウムクーヘン，ベートーヴェンの交響曲第９番などが紹介されました。第二次世界大戦以降も良好な関係を維持しています。

単語 Beziehung 女関係 / Botschaft 女大使館 / Naturforscher 男自然研究者 / vereinigen 統一する / aufrechterhalten 維持する

D Wie sind die Beziehungen zwischen Japan und Deutschland heute?

現在の日本とドイツの関係はどうですか？

J Japan und Deutschland bauen ihre Freundschaft weiter aus. Es gibt nicht weniger als 60 deutsch-japanische Freundschaftsgesellschaften mit unterschiedlichen Zielen und Aktivitäten, wie z.B. deutsche Lieder und deutscher Wein. Damit sind Deutschland und Japan die Länder mit den meisten bilateralen Organisationen. Darüber hinaus gibt es zahlreiche Städtepartnerschaften wie zwischen Sapporo und München oder Osaka und Hamburg. Im Jahr 2018 jährte sich die Uraufführung von Beethovens Neunter Sinfonie in Japan zum 100. Mal, und auch in Deutschland fanden dazu einige Veranstaltungen statt. Neben dem kulturellen Austausch in Musik und Kunst gibt es auch enge Beziehungen in Wissenschaft und Technologie. Beide Länder sind führend in der Automobilindustrie und leisten einen Beitrag im Kampf gegen die globale Erwärmung. Japan möchte dem Beispiel Deutschlands als ökologisch fortschrittliches Land folgen und sich aktiv mit Themen wie Energie und Plastikmüll auseinandersetzen.

日本とドイツは友好関係をさらに深めています。日独間ではドイツリート，ドイツワインなどさまざまな活動の趣旨を掲げた60もの友好団体があり，二国間団体の数としては日独が最も多いです。札幌—ミュンヘン，大阪—ハンブルクなど多数の姉妹都

市もあります。日本では 2018 年がベートーヴェン第九初演 100 周年にあたり，ドイツ国内でも関連イベントがありました。音楽，芸術などの文化交流だけでなく，科学技術分野でも緊密な関係にあります。また，両国とも自動車産業を牽引する国として，地球温暖化を見据えた車社会のあり方にも寄与しています。環境先進国としてのドイツを手本に，日本もエネルギーやプラスチックゴミなどの問題などに積極的に取り組みたいものです。

単語 Freundschaftsgesellschaft 〔女〕友好団体 / Organisation 〔女〕団体 / Städtepartnerschaft 〔女〕姉妹都市協定 / Uraufführung 〔女〕初演 / ökologisch 〔形〕エコロジーの

■著者プロフィール

永井千鶴子（ながい・ちづこ）
桜美林大学，東邦大学でドイツ語講師。専門は19世紀ドイツ文学，文化史。著書に『全面改訂版　ドイツ人が日本人によく聞く100の質問』（共著，三修社）などがある。第2章，第6章担当。

青木美智子（あおき・みちこ）
京都橘大学准教授。教育学，幼児教育学・保育。F・フレーベルの思想研究を基礎に，子どもが育つ環境としての園や地域をテーマとしている。著書に『日本人形玩具大辞典』（共著，東京堂出版），『全面改訂版　ドイツ人が日本人によく聞く100の質問』（共著，三修社）などがある。第1章，第4章担当。

小笠原藤子（おがさわら・ふじこ）
慶應義塾大学，國學院大學ほかでドイツ語講師。翻訳家。専門はドイツ語教授法。著書に『場面で学ぶドイツ語基本単語』（共著，三修社），訳書にチョン・スンファン『私が望むことを私もわからないとき』（ワニブックス）などがある。第5章，単語欄担当。

赤坂桃子（あかさか・ももこ）
翻訳家。訳書にハンス・ファラダ『ピネベルク，明日はどうする!?』（みすず書房），著書に『ティムとヤンのドイツ語講座』（共著，三修社）などがある。第3章，日本語校正担当。

ダグマー・クンスト（Dagmar Kunst）
慶應義塾大学ドイツ語講師，桜美林大学英語講師。ハンブルク出身。ゲッティンゲン大学で日本学専攻。NHKラジオ「まいにちドイツ語」出演（2018年）。本書ではドイツ語担当。

音声 DL 付

新・ドイツ人が日本人によく聞く100 の質問
ドイツ語で日本について話すための本

2024 年 5 月 20 日　第 1 刷発行

著　者	永井 千鶴子，青木 美智子，小笠原 藤子，赤坂 桃子， ダグマー・クンスト	
発行者	前田 俊秀	
発行所	株式会社 三修社	
	〒150-0001　東京都渋谷区神宮前 2-2-22	
	TEL 03-3405-4511　FAX 03-3405-4522	
	振替 00190-9-72758	
	https://www.sanshusha.co.jp	
	編集担当　伊吹 和真	
印刷製本	萩原印刷株式会社	
音声制作	株式会社メディアスタイリスト	

装　　帧　　越阪部ワタル
ナレーター　　Dagmar Kunst, Stefan Brückner